あなたが
生まれてきた意味

星月神示

Hoshi-Tsuki Shinji

江原啓之

はじめに

あなたの今までの人生を振り返ってみてください。いつも同じようなことで挫折していませんか？　たとえば、恋愛でも仕事でも、「言ってはいけないひと言を口にして失敗している」など、つまずくパターンや原因には、どこか共通点があるのではないでしょうか。「ああ、またやっちゃった！」とそのときは反省するけれど、また、次も同じようなことを引き寄せてしまっている人も多いことでしょう。

実は、そうした出来事の中には、〝前世で解決できなかった課題〟が映し出されていることがあります。克服するまでは何度でも同じ壁にぶつかるのです。もし、現世で解決できなかったら、今度はまた、来世に持ち越し。それればかりか、現世で新たに問題を抱え、解かないまま人生を終えれば、さらに来世への宿題を増やすことにもなります。

あなたのたましいは、これまでもそうやって再生を繰り返し、霊性向上という〝進級〟、つまり〝1UP〟を志してきたのです。

本書では、あなたが前世までの間に、一体どんな科目（テーマ）の単位を取りこぼしているか、つまずいている原因はどこにあるのかを、「星」と「月」の神示を通して見つめ直していきたいと思っています。

ここで少し、「前世」と「たましい」について、簡単に説明しておきましょう。あなたの前世、そのまた以前も含めたすべての経験は、あの世では「グループ・ソウル」という〝たましいの故郷《ふるさと》〟の中に溶け合っています。そこからまるで水滴がひとつ零《こぼ》れ落ちるようにして生まれてきたのが「今のあなた」です。あなたは「グループ・ソウル」を代表して、チャレンジしに来ているのです。

これから、あなたの人生に起こるさまざまな問題や、陥りがちな「心」に光を当てていきます。「導き」「愛情」「生業《なりわい》」「絆」の大きく4つに分けていますが、気になったところから自由に読んでいってください。星の瞬きはあなたに大切な導きを伝え、月の光はあなたがまだ気づいていないことを照らし出してくれるでしょう。

また、あなたのたましいの傾向がわかるオリジナルの〝診断シート〟を特別に作成しました。それをチェックすれば、最後にはきっと、「あなたが生まれてきた意味」がはっきりと見えてくるでしょう。

今のこの人生を充実させること、幸せに生きることとは、前世から託されたあなたの使命でもあります。どういうふうに明日を築いていくのかは、あなたの自由であり、責任主体なのです。

生まれた時代や国などは「宿命」で、変えることはできません。ですが、その中でどう生きるかは、努力次第でいかようにもアレンジできる部分です。現代は、そのアレンジ法がたくさんある時代。いろいろな選択肢がある分、悩むこともたくさんあるはずです。「こんなに頑張っているのに、どうして私だけ不幸なの?」と愚痴を言いたくなったり、将来が見えなくて不安になるなど、いろんな心の葛藤もあるでしょう。けれど、究極を言えば、どんな問題も、たましいの〝1UP〟のために必要な学びの〝教材〟です。無駄なものは何ひとつありません。「星月神示」を〝参考書〟にして、あなた自身の手で、人生を豊かに彩っていっていただけたらと心から願っています。

江原啓之

あなたが生まれてきた意味 星月神示
Hoshi-Tsuki Shinji

目次

導き

愛情

生業

絆

星月神示の授かり方

星月神示は、「天のお告げ」を読むところから始めます。心を鎮め、気になる項目から神示を受け取りましょう。

1 天のお告げ

あなたに届いたメッセージを最初にお読みください。

01 新しい環境に戸惑う心

天のお告げ

新しい環境に身を置くとき、戸惑いや不安が湧くのは、ごく自然なこと。けれど、いつまでも「うまくやっていく自信がない」と嘆くのはやめましょう。まだ何も始まってもいないうちから自信があ

星

新しい環境に飛び込むとき、「周囲になじめるだろうか……」と身を固くすることもあるでしょう。そんなときには、「成功のオーラ」にあやかるのが一番です。良いことがあったときに身に着けていたものをクローゼットから出し、身にまとう方法です。成功した経験やうまくいったときの記憶が、その物にも〝オーラ〟として染みついているので、それを改めて携帯したり、着るだけでも、「お守り」代わりになるのです。

また、新しい場所で何かを始めるときは、率先してその周辺を掃除しましょう。職場であれば職場のデスクの拭き掃除をし、自分のオーラをその場所になじませると、その場に溶け込みやすくなります。

なかには、環境の変化に乗じて「今までの自分と決別したい！」と、〝変化を望む心〟が出てくる人もいるでしょう。この場合は逆に、普段着ないデザインの服を着たり、ペン1本でも新品を持つといいでしょう。持ち物を変えること自体は小さな変化ですが、それによって心機一転することができます。

012

2 星月の選択

星か月か。心惹かれるほうを直感で選びましょう。
選んだら、□のところへチェックを。

ったら、それはただの「うぬぼれ」。自信は、経験を積み重ねて初めて身につくものなのです。

新しい環境で何かを始める前には、その土地の〝氏神様〟にお参りしましょう。日本の神様は〝持ち分け〟といって土地ごとに担当が決まっていますから、新しい環境を守ってくださっている神様に、きちんとご挨拶することが大切です。氏神様がどこかわからない場合は、各都道府県の神社庁に問い合わせるといいでしょう。

今のあなたは星か月、どちらに心惹かれますか？

月 or 星

月

新しい環境に飛び込むのが苦手、打ち解けるまでに時間がかかるというのは、裏を返せば、それだけ「これまでなじんでいる人や物に対する愛着が強い」とも言えます。

ちょうど、過保護に育てられているペットが他人になつくのには時間がかかったり、人見知りするのと同じことです。前世で、守られ、愛を一身に受けてきたたましいほど、今生《こんじょう》で初めて触れる人や物に対しては、身構えてしまう傾向にあるのです。

不慣れな環境に飛び込んだたましいは、いわば〝赤ちゃんの手〟のようなもの。柔肌《やわはだ》で、ちょっとした刺激にも弱く、痛みも感じやすいかもしれません。ですが、今生で経験を積んでいけば、素手で天ぷらを揚げてもビクともしないくらい丈夫になっていくものなのです。

新しい環境に飛び込む前に怖気づく人は、「前世も含め、〝経験が足りない〟から不安になるだけだ」と気づきましょう。そして、あなたは、経験を積みたいからこそ、生まれてきたのです。

013

3 あなたへの神示

幸せを導く神示として、選んだほうをお読みください。

導き

人生においてぶつかりやすい壁や心の葛藤。それらを乗り越えるための〝指針〟として示されたのが、この「導き」という神示です。自分自身を見つめ、たましいを成長させる鍵をつかみましょう。

01 新しい環境に戸惑う心

天のお告げ

新しい環境に身を置くとき、戸惑いや不安が湧くのは、ごく自然なこと。けれど、いつまでも「うまくやっていく自信がない」と嘆くのはやめましょう。まだ何も始まってもいないうちから自信があ

星

新しい環境に飛び込むとき、「周囲になじめるだろうか……」と身を固くすることもあるでしょう。そんなときには、「成功のオーラ」にあやかるのが一番です。良いことがあったときに身に着けていたものをクローゼットから出し、身にまとう方法です。成功した経験やうまくいったときの記憶が、その物にも〝オーラ〟として染みついているので、それを改めて携帯したり、着るだけでも、「お守り」代わりになるのです。

また、新しい場所で何かを始めるときは、率先してその周辺を掃除しましょう。職場であれば職場のデスクの拭き掃除をし、自分のオーラをその場所になじませると、その場に溶け込みやすくなります。

なかには、環境の変化に乗じて「今までの自分と決別したい！」と、〝変化を望む心〟が出てくる人もいるでしょう。この場合は逆に、普段着ないデザインの服を着たり、ペン1本でも新品を持つといいでしょう。持ち物を変えること自体は小さな変化ですが、それによって心機一転することができます。

ったら、それはただの「うぬぼれ」。自信は、経験を積み重ねて初めて身につくものなのです。
　新しい環境で何かを始める前には、その土地の〝氏神様〟にお参りしましょう。日本の神様は〝持ち分け〟といって土地ごとに担当が決まっていますから、新しい環境を守ってくださっている神様に、きちんとご挨拶することが大切です。氏神様がどこかわからない場合は、各都道府県の神社庁に問い合わせるといいでしょう。

今のあなたは星か月、どちらに心惹かれますか？

月 or 星

月

新しい環境に飛び込むのが苦手、打ち解けるまでに時間がかかるというのは、裏を返せば、それだけ「これまでなじんでいる人や物に対する愛着が強い」とも言えます。

ちょうど、過保護に育てられているペットが他人になつくのには時間がかかったり、人見知りするのと同じことです。前世で、守られ、愛を一身に受けてきたたましいほど、今生《こんじょう》で初めて触れる人や物に対しては、身構えてしまう傾向にあるのです。
　不慣れな環境に飛び込んだたましいは、いわば、〝赤ちゃんの手〟のようなもの。柔肌《やわはだ》で、ちょっとした刺激にも弱く、痛みも感じやすいかもしれません。ですが、今生で経験を積んでいけば、素手で天ぷらを揚げてもビクともしないくらい丈夫になっていくものなのです。
　新しい環境に飛び込む前に怖気づく人は、「前世も含め、〝経験が足りない〟から不安になるだけだ」と気づきましょう。そして、あなたは、経験を積みたいからこそ、生まれてきたのです。

02

目の前のことに関心が向かない心

天のお告げ

周りの人から、「最近、なんかボ～ッとしてない？」と言われたときは要注意です。

そういうふうに指摘されたときは、鏡で「目を見る」ようにしましょう。その目は生気を感じられ

星

どんなときに、心ここにあらずで〝目力〟がなくなるかをチェックしてみましょう。毎日鏡に映して見ていれば、次第に微妙な違いもわかるようになるでしょう。

たとえば、「デートの日に限って目に力がない」と感じられるなら、その恋に黄色信号が点《とも》っている証。相手との間になれ合いが生まれ、言いたいことを好き放題言ってしまってはいませんか？　どこかで傲慢になっていると、気持ちがすれ違い、喧嘩が絶えなくなってしまうでしょう。目に力がないと感じられたら、〝初心忘るべからず〟と心しましょう。

目はあなたのバイオリズムを映し出す「鏡」です。逆に、目に生気がみなぎっていると感じられるなら、本来持っている自分の力をいかんなく発揮できている状態にあります。やりたいことがあれば挑戦するなど、前向きに行動を起こすとよいでしょう。

このように、日頃から目力の変化をくまなくチェックすれば、〝いい波〟が来ているかどうかも、自分自身で読めるようになります。

る目でしょうか？　覇気がなく、まるで死んだ魚のような目をしているときは、たましいが発動していないとき。〝心ここにあらず〟の状態なのです。

　目力がないときは、自分でも驚くような思わぬ失敗を招いてしまうこともあるので、気持ちを引き締めましょう。

　このように、目を見れば、そのときの状態を知ることができますから、毎日必ず鏡に自分を映して、チェックしましょう。


今のあなたは星か月、どちらに心惹かれますか？

月 or 星

月

あなたの場合、目の前のことに関心が向かない原因が「前世」の経験に由来していることがあります。たとえば、恋愛問題がらみで「いつも目に覇気が感じられない」なら、それは、前世での思い出がよみがえっている証。

　前世において、自分を押し殺さなければならないような出来事や虐《しいた》げられるような苦《にが》い経験をしたことがあり、愛情を育んでいくことに自信が持てないのでしょう。

　また、もし、仕事をしているときに生気がないと感じるなら、前世では思うように働けず、苦悶した可能性があります。今の仕事には〝しがらみ〟はないはずなのに、どこかで息苦しいと感じてしまうなら、「前世で味わった悔やみが、今も尾を引いているのだ」と受け止めましょう。

　ただ、ここで大事なのは、「すべては前世の話だ」と割り切ること。あなたが生まれてきたのは、そのときとは違う人生を経験するため。ですから、前世に縛られず、今を大事に生きてください。

03 ありのままの自分でいたい心

天のお告げ

私らしくありたい。ありのままの自分でいたい。そういうふうに思うのは悪いことではありません。しかし、その「ありのまま」という言葉をはき違え、自分自身のいたらないところや未熟な部分も、

星

「ありのままでいること」と「傍若無人になること」は、似て非なるものです。「ありのまま」でいる前に、まず、人として、この現世を生きるうえで欠かせない「社会的なルールやマナー」を知ることが、あなたには必要です。

たとえば、お悔やみの席に伺う際、足元はどんなスタイルで行くのがよいのか、知っていますか？ 普段、友達の家に遊びに行くときなども、サンダル履きで生足だった場合、どうしていますか？ そのまま、素足で家に上がっていませんか？ どんなに気のおけない関係だとしても、マナーとして、人の家に上がるときはさっと靴下を出して履いてお邪魔するのが大事な「心」です。マナーは、形ではなく、そこに相手を思いやる心があるかどうかが問われるのです。

こうしたルールやマナーをどれだけ実践できているかを振り返りましょう。ありのままでいるためには、その大前提として、人としての基本をおさえておくことが必要なのです。

「これが私の愛嬌だから、別に直さなくていい」と開き直っているのなら問題です。

　畑から収穫したばかりの野菜は、泥が付いたままでは口にできません。人間もそれと同じで、「磨く努力」まで怠ってしまってはいけないのです。

「このままでいい」と開き直り、未熟なところを改善しようとしないのだとしたら、とりもなおさず、「たましいの成長を自ら止めてしまうこと」になってしまいます。


今のあなたは星か月、どちらに心惹かれますか？

月 or 星

月

自分の好きなように生きることで、周りに迷惑をかけていないならよいのですが、時に、ものすごく頑固で融通が利かないくらいに「自分流」にこだわってしまうことはありませんか？　ともすると、「相手が自分に合わせないほうが悪い」と言わんばかりに見えることもあるかもしれません。

　こういう態度や言動をとる場合、前世の中で、否定され続け、周りから認めてもらえなかった経験をしていることがあります。ですから、今生では、何としてでも自分流を貫こうとしがちです。

　しかし、前世を言い訳にしてはいけません。行きすぎた頑固さは、かわいげがありません。周りの助言に聞く耳を持たないほどにまでなると、いい加減、周りもあなたのことを相手にしなくなるでしょう。

「でも……」「だって……」とすぐ口ごたえしてしまう人は、〝素直さ〟を持つことが、今生での課題だと受け止めましょう。素直なほうが、ずっと人から愛されます。

04
集中力が続かない心

天のお告げ

仕事でも、プライベートでも、「やらなければならないこと」を目の前にしているのに、集中できない人は、「自分に合った環境づくり」を大切にしましょう。たとえば、作業時は無音のほう

星

集中力に欠けるときは、体を内側から休めるデトックスをぜひ試してみましょう。心と体は表裏一体ですから、肉体からアプローチすることで心のバランス感覚も整うでしょう。

体の中に溜まった疲れを外に出すために、食事を変えてみることをおすすめします。できれば、週末などを用いて、普段の食事をやめ、スープや野菜ジュースなどに切り替えて、半断食して体を休めてあげると、消化にエネルギーを使わない分、デトックスが進みます。

すると、体の内側からパワーがみなぎってくるだけではなく、心もとぎすまされて、集中力も発揮できるようになっていきます。

また、集中しやすくするために、呼吸法を試しましょう。おへその下（丹田《たんでん》）に手を当て、思いきり息をふ～っと一気に吐き出してください。あなたの周りにある嫌な〝気〟を「エイヤッ！」と背負い投げするつもりでやると、瞬時にエネルギーを切り替えることができます。

が落ち着くとか、ラジオでも流れていたほうが集中できるなど、効率よくできる環境は人それぞれ異なるはずです。まずは、自分のベストな環境を知ることが大切です。

そして、次には生活リズムを見直すことも忘れずに。霊的にみても、肉体と精神のバランスが崩れると、集中力が切れがちに。ですから、まず、肉体の健やかさを維持するには朝型がいいのか、夜型がいいのかに至るまで細かく見直し、環境を整えましょう。


今のあなたは星か月、どちらに心惹かれますか？

月 or 星

月

何をするにも集中力に欠けて、ダラダラと日々を過ごしてしまう人は、その前世において、「長生きしたがための苦労」を味わってきたのでしょう。その時代にしては長く生き、「なかなかお迎えが来ない……」と思っていたり、生きながらえたゆえの苦難が多く、「つらい」と感じていた可能性があります。

今生のあなたは、時間があればあるほどうまく使えず、集中できないままに時間だけが過ぎて、結局ギリギリに追い込みをかける癖があるかもしれません。「時間があること」のありがたさに、感謝できないのです。

それでも現世に生まれてきたのは、やり残したことがあるからです。時間は無限にあるわけではありませんから、一分一秒も無駄にしないように、一日一日、計画性を持って過ごしましょう。

また、前世で長生きした人は、自分の体のことには無頓着になりがちです。ですから、体をケアすることを常に頭に置いておく必要があります。

05 感情を抑えられない心

天のお告げ

感情のコントロールができないほどの出来事を引き寄せた原因は自分にあります。人間だから、嫌なことを言われれば腹も立つでしょう。けれど、そこで感情的になったら、相手の思うツボ。

星

感情的な浮き沈みが激しいと感じるときは、まず、自分自身をきちんと見つめ、向き合うことが必要になります。というのも、やたらと感情的になりやすいとき、知らず知らずのうちに「憑依《ひょうい》」を招いていることがあるのです。

ただ、憑依は、憑く霊だけが悪いのではありません。その霊と同じ波長でなければ、憑依されることはないからです。霊につけいる隙を与えてしまったのは、ほかでもない自分自身だということを反省することが先決です。

憑依によるものかを見極めるために、「鏡」に映る自分の顔を見て、目つきが普段と違っていないか、チェックしましょう。目がすわっていたり、覇気がないときは要注意です。簡易的な浄霊法ですが、海塩を入れた湯につかり、汗とともに汚れたエクトプラズムを排出するのも有効です。また、柏手《かしわで》を打つのもおすすめ。場の気が淀んでいるときは、音が濁って聞こえますが、音霊《おとたま》の力によって場を浄化していくと、次第に澄んだ音に変わります。

感情的になっていると自覚したときは、フェイント法を試してみましょう。〝好きなもの〟を思い浮かべたり、お気に入りの歌を口ずさんでも構いません。とにかく「これを思い出せば笑顔になれる」と思うものの力を借りて、相手をかわしてください。相手が好戦的になっているときは特に、同じ土俵に乗らないこと。あなたは〝力士〟ではないのですから……。笑顔でかわすことで相手のオーラに飲み込まれず、感情を抑えられます。

今のあなたは星か月、どちらに心惹かれますか?

月 or 星

月

感情的になりやすいと思う人は、その前世において、逆に感情をあらわにできない環境下にいて、そこで抑えつけられていたと考えられます。

前世で女性に生まれていたり、たましいの経験の中で、女性として生まれた回数が多い可能性があります。女性であったがために、環境的にも自由が少なく、我慢のし通しだったようです。

また、今のあなたが、すぐ人にあたってしまったり、怒りをぶつけてしまうことが多いのなら、前世においてよほど理不尽なことを味わった経験があり、それがたましいの中に強く刻まれている可能性があります。そのときも、「自分の意思を通したい」と思っていたのに、反対にあったり、または聞き入れてもらえるような状態ではまったくなく、悔しい思いを幾度となく経験したのでしょう。

感情の中でも、特に「怒り」をコントロールできないことが多いと思うなら、過去にも同じように苦い思いを味わったのだと受け止めましょう。ですが、もうその「否定的な感情」は手放してよいのです。

06

余計なことを口にしてしまう心

天のお告げ

つい口をついて出た言葉で失敗するというのは、「ただ、間が悪かった」のではありません。言葉ほど本心をあらわにするものはなく、「つい出てしまった」と思ったとしても、実はそれが自分の中

星

言葉の選択を間違え、不用意なことを言って人を傷つけたり、トラブルの発端になることはよくあることです。もし、あなたが「つい、余計なひと言を言って失敗しやすい」なら、言霊《ことたま》の力を日頃から意識してください。

日本は古くから、言霊を大事にしてきました。言葉にはたましいがこもっているという考え方です。「猿」が「去る」に通じるから「えてこう」と言い換えたのもその一例です。

あなたがもしお店を経営するなら、「レストラン〝破産〟」などという名前にはしないはずです。それと同じで、あなたが人間関係を円滑にしたいと思っているなら、相手の気に障る言葉を選ばないように、注意しなければなりません。「このひと言を言ったら、どんな反応を示すか」を常に考えましょう。いつも予想通りの反応が返ってくるわけではないでしょうが、相手をよく観察していれば、その人の〝地雷〟がどこにあるのかはわかるはずです。それがわかれば、トラブルを未然に防げるでしょう。

にある本当の気持ちなのです。
自分自身が口にする言葉に気をつけるのはもちろんですが、他人の言葉にも注意深くなりましょう。
一見にこやかで人当たりがいいと思えても、信じられないほど乱暴な言葉を使っているのを耳にしたら、警戒を。言葉はその場でいくらでも取り繕えますが、その人の行動を後々見れば「やっぱり言葉通りの人だった」とわかるでしょう。言葉より行動を見ると、その人の真実の姿がわかります。

今のあなたは星か月、どちらに心惹かれますか？

月 or 星

月

つい言わなくていいことを言ってしまいやすい人には、どんな前世の傾向があるのでしょうか。実は、この場合、過去にも「同じような過ち」で失脚した可能性が高いと言えます。

たとえば、宮仕えをしていて、何か「言葉」に関するタブーをおかしたなど、それがもとで、その後、流転の人生を歩んだことも考えられるのです。そのときのことが今生にも影響し、言葉に対して敏感になってしまったり、話すこと自体が苦手だと思いやすい傾向があります。自分の言葉だけでなく、周りの人が口にする言葉にも神経過敏になりがちで、「この人は表面的には良いことを言っているけれど、腹の中は違うのでは」などと疑いやすくなります。

でも、ビクビクしていると、どんどん言葉を口にするのが怖くなり、内に閉じこもったり、相手の言葉を勘ぐり、真実から遠ざかってしまいます。

今生のあなたの学びは、「言葉の持つ前向きな力」を信じること。言葉によって悪いことばかり起きるのではなく、人を勇気づけることもあるのです。

07 目標を見失いがちな心

天のお告げ

目標を見出せない人、新年や誕生日などの節目には真剣に考えても、途中で挫折してしまう人に、心に刻んでほしいことがあります。

これからの時代、堅実な計画性が身を助けます。以前から「冬か

星

人生は〝有限〟の旅ですから、目的地（目標）を定めて歩むほうが、中身の濃い日々を送れます。特に、先行きの不安を感じやすい時代にあっては、未来を見つめるからこそ、そこからの逆算で、「今どのように生きるべきか」も見え、不安が消えていくでしょう。

とはいえ、目標を立てても「気持ちが揺らぎ、挫折しそうだ」と感じてしまうこともあるはず。そんなときは、あなたが今住んでいる場所を司る氏神様にお参りして、自分が立てた目標について報告しましょう。現世利益を求める心でお願いすると聞き届けられないでしょうが、「地道な努力をすること」を誓うなら、必要な力を貸してくださるでしょう。

自分の進むべき道を決め、腹をくくるあと一押しの勇気が欲しいときは、「鹿島神宮」（茨城県）にお参りするのもおすすめです。ここは、拙著『今、いくべき聖地』に詳述していますが、私がご神域に足を踏み入れたとき、「意を決する場所である」と天の声が告げてくださった聖地です。

まくら、外は寒いが、うち（家）ぬくい」という神示を授かっていま す。これは、世の中はまだまだ厳しいことばかりでも、身近なところに目を向ければ、心は温かく過ごせるという「天のお告げ」です。

壮大な目標を追うより、まず日々の〝ささやかな幸せ〟を守るための目標を立てましょう。どうやって食べていくか、どうやって生活するかなど、地に足をつけた目標を立て、地道に実践していくことが大切です。

今のあなたは星か月、どちらに心惹かれますか？

月 or **星**

月

将来のことを考えてもいまひとつビジョンが湧かなかったり、目標を立てるのが苦手な人は、前世で大事な人との約束を果たすことができなかったときの悔やみを抱えているようです。そのため、今も目標や誓いを立てることをためらってしまいます。「きっと、また破ってしまう」と恐れている場合も。前世で満たされなかった思いが強いたましいは、同じような試練があると、「うまくいかない予感」に駆られやすいのです。

前世のトラウマを克服するには、「想いの力」を使い、自分で乗り越えるよりほかありません。「どうせうまくいかない」ではなく、「乗り越えるために生まれてきたんだ」と自分自身に言い聞かせましょう。あきらめではなく、「できる」と信じる気持ちが強い念となって、現実を変えていきます。

機会があれば、京都にある「晴明神社」をお参りするといいでしょう。平安時代の陰陽師・安倍晴明を祀った神社ですが、目に見えないものの力を感じることができるでしょう。

08 リアルな夢を見てしまう心

天のお告げ

目が覚めたとき、「あれ？　今の夢だったの!?」と一瞬疑ってしまうほど、リアルな情景を夢で見ることがあります。たとえば、これから出勤だというのに、すでに十分働いた気がするような夢、電

星

あなたは、まさに今、目の前のことをこなすのに精一杯になっているのではないでしょうか。単調な毎日を送ることに物足りなさは感じつつも、日々の雑事や仕事、勉強などに追われて、とてもではないけれど、新しい挑戦をする気持ちにはなれないのでしょう。

けれど同時に、あなたの周りでイキイキと輝いている友達がいると、「うらやましい」と溜め息をついてしまうのではありませんか？

もちろん、あなたが頑張っていることはわかります。でも、どんなに忙しくても夢を持つことはできるはず。時間ができたら○○に挑戦したい！　と具体的に想像し、実現に向けてモチベーションを高めて生きるだけでも、毎日に新たな色彩が加わります。

なにかと言い訳して、自ら世界を狭めてしまうことほど、もったいないことはありません。リアルすぎる夢を見たときは、「今の人生は一度きりのものだ」と改めて胸に刻んで、本当にやってみたいことに向き合ってみましょう。

車に乗ってどこかへ出かける夢、友達と会話をしていたけれど、内容までは思い出せない……など。

そういうふうに、本当に日常の延長線上にあるような出来事を夢に見たときには、実は「目先のことばかり考えず、もっと豊かな想像力を持って毎日を有意義に過ごしましょう」という、霊的世界からのメッセージ、エールが届いているのです。単調な毎日になりすぎていないか、振り返ってみるべきときだと言えます。


今のあなたは星か月、どちらに心惹かれますか？

月 or 星

月

面白そうな情報を目にして、「やってみたい！」と興味を惹かれても、なぜか、ふた言目には「でも、私には無理かな……」と自分で限界を決めてしまってはいないでしょうか？

実は、その前世においても、あきらめざるを得ないことが多々あったのでしょう。むしろ、あきらめることによって、自分の身を守ってきたようです。

だからこそ、〝今のあなた〟のたましいの中には、「新しい世界を覗いてみたい！」という強い願望があります。それこそ睡眠中、霊的世界に里帰りしている間に、未知のいろんな世界を覗いているので、目覚めたとき「妙にリアルな夢だ」と感じるのです。

そういう夢を見たときは、「好きなことをして生きなさい」という神示が届いているのだと受け止めて。こういう時期は、やたらと眠かったり、繰り返し夢に見るかもしれませんが、今のあなたがいかに恵まれているかに気づけば、前に進めます。〝違い〟に目を向けるためにも、時代物と現代物の映画を観比べてみるのもいいでしょう。

09 環境を変えたくなる心

天のお告げ

更新の時期でもないのに、ふと「引っ越ししたいな」と思ったり、実家暮らしの人であっても、環境を変えたいという気持ちが高まりやすい時期があるでしょう。

しかし、ここで落とし穴にはま

星

自分では、ポジティブな気持ちから環境を変えたい、新たな挑戦がしたいと感じているかもしれませんが、その心の内をよく見つめてみてください。

何となくつまらないから気分を一新したいとか、何かに頼って一気に運気を変えたいと望んでいるのではないでしょうか。地に足がついていない可能性が高いのです。

「環境を変えたい」という強い願望が湧き上がってくるときは、〝流浪の民〟という神示を心に留めてください。たましいがさまよっていて、どこに向かえばよいのか、自分でも方向性を見失っている状態にあります。そのため、手当たり次第に心惹かれた場所に行きたくなったり、環境を変えることで気持ちが変わると期待してしまうようです。

前々から計画的に引っ越しを考え、入念に準備をしてきたのならステップアップにもできますが、単にいっときの感情で「動きたい」と思っているだけなら、焦らず、いったん立ち止まることが先決です。

らないよう、注意が必要です。よく「最近いいことがないから、心機一転で引っ越しを考えている」という人がいますが、環境を変えても、自分自身が根本的に変わっていなければ、何も好転しません。
　人生を好転させられるか否かは、結局のところ、その人の人間力、対応力次第なのです。環境を変えることに気持ちが向いたときは、自分の足元を見つめ、安易な一発逆転を望んではいないか、冷静に分析することが大切です。

今のあなたは星か月、どちらに心惹かれますか?

月 or 星

月

月に心惹かれたあなたには、〝流木の民〟という神示が届いています。流木は、ひとつのところにはとどまらず、流れに任せて漂っていますが、
　それと同様に、あなたは前世で、あちらこちらへと移る流浪の日々を送っていたのでしょう。いろいろな場所に移動しながら暮らしていた経験がたましいにも刻まれているため、今生においても、ことあるごとに、見知らぬ場所や新たな道に刺激を求め、動きたい衝動に駆られます。
　ただ、今のあなたが「動くことで人生の流れが良い方向に変わるタイプ」なのか、「落ち着きなく動くと戸惑ってしまうタイプ」なのか、見極めることが大切です。今生に来てからの経験を振り返って、どちらの感覚が強いか、自己分析してみましょう。
　そのうえで、常に刺激を求めて生きるか、地に足をつけて歩むかは、あなたの「今の感覚」に照らし合わせて選んでください。前世に左右される必要はありません。今生の自由意思が尊重されます。自分の責任で選ぶことこそが、幸せに生きる道です。

10 未来への備えが気になる心

天のお告げ

普段は気にもとめないような保険のコマーシャルがふと目につくなど、なぜか急に関心が向くことというのは、ある種の予兆、虫の知らせです。ケガや病気など、不慮の出来事に気をつけるようにし

星

未来に対する備えの中で、あなたが一番気になるのは「お金」のことでしょう。「お金を貯めておかないと……」と思ったときに限って、その後、本当に大事にしていたものが壊れ、急きょ買い替えなければならなくなるなど、物入りになることがありそうです。自分のことだけではなく、家族のケガや急病などで、お金を支払わなければならないことも……。

そうしたピンチでお金が出ていくだけではなく、結婚・出産の知らせが友達から相次いで届き、お祝いが必要になるなど、交友関係での出費が続くかもしれません。祝い事の場合は、出し惜しみせずにできる範囲でのご祝儀を包みましょう。幸せな気持ちで包んだお金は、別の形であなたのもとに喜びとなって返ってきます。良い種をまけば、良きことが返ってくるのです。

明日がどうなるかわからなくて不安でも、そう思うならなおのこと、「良い種」をまいて、良きカルマを積むほうがいいのです。

ましょう。

　事の大小にかかわらず、本当にその後、急にお金が必要になることが起こり得ます。「まだ若いから平気」とか、「お財布に余裕ができたときに、再検討しよう」と思っていると、いざ、問題に直面したときには慌ててしまいます。「なぜかわからないけれど、気にかかった」というような第六感は絶対に無視しないこと。「備えあれば憂いなし」で、大難を小難に変えられることもあるのです。


今のあなたは星か月、どちらに心惹かれますか？

月 or 星

月

　月に心惹かれたあなたは、その前世でよほどお金に苦労したり、予想外のことが起きたために失敗した経験があるのでしょう。

　前世で味わったその恐怖がたましいに刻まれて、トラウマとなっている可能性もあります。蓄えておかないと不安で仕方がないと感じるのは、心情的に十分理解できます。

　ですが、何事もさじ加減が重要。毎日の生活にまったく潤いがなくなるほど切り詰めるのは、本末転倒。いくら「不測の事態を想定した準備が肝心」といっても、そのことにとらわれすぎて生活が苦しくなっては元も子もありません。備えはしつつも、今生を充実させる〝生き金〟なら使いましょう。

　不安や恐れの感覚があまりにも強い場合は、毎日、「大丈夫、私は守られている！」と声に出し、言霊の力でわが身を守りましょう。生きていくのに最低限必要なのは、「衣食住、医療」です。これだけあれば何とか生きていけますから、必要以上の心配は無用。〝乗り越えられない課題〟は来ないのです。

11

体のことが気になる心

天のお告げ

あなたは、自分の体の声に耳を傾けていますか？　体と心は表裏一体。体の声を聞くことで、たましいが発しているSOSに気づくこともあります。たとえば、なぜか突然「今日は無性に肉が食べた

星

無性に食べたくなるものを分析すると神示がわかるのと同様、実際に「体に表れる症状」から逆読みすることもできます。

たとえば、病気の疑いはないと診断されたにもかかわらず、体の〝むくみ〟が取れづらい場合、それは「あなたの中に受け入れられないことがある」「人生の流れも止まっている」というサインかもしれません。体に出る症状を通して、人生の状況を教えてくれるのです。

ほかにも、胃が痛いときは「不平不満が溜まり、〝消化〟できていない」、腰が痛いときは「謙虚さを忘れている」などと、心を映し出しているのです。

とはいえ、これらはあくまでもスピリチュアルな視点からの一例です。肉体はこの現世を生きるうえで絶対に必要なものですから、不調を感じたら、きちんと検査を受けたり、ケアしましょう。あの世に帰れば病気も苦痛もありませんが、逆を言えば、病や肉体の不調という課題は、現世だからこそ学べることでもあります。不調の理由を見つめましょう。

い気分」とひらめいたときにもメッセージがあるのです。それは、単にそのとき不足している栄養素を体が欲しているというだけではありません。血気盛んで落ち着かない気分のときに欲したなら「自制心が必要」という神示ですし、逆に気力がないときに欲したなら、「人生にはもっと勝負が必要」というメッセージです。このように、陰陽両方の意味がありますが、体と心の声に耳を傾け、〝天のお告げ〟を読み解きましょう。

今のあなたは星か月、どちらに心惹かれますか？

月 or 星

月

季節を問わず、何かしら不調をよく抱えていませんか。病院で検査をしてもひっかからないけれど、いつも不定愁訴に悩まされているという場合、実は前世に要因があることがあります。これまでの前世で体調にあまり目を向けず、具合が悪くても無理を重ねて病に伏したり、自分の油断がもとで急死した可能性があります。

　もちろん、前世で生きていたときは、現代に比べれば医療も発達していなかったでしょうし、寿命も今よりは短かったでしょう。それでも、自らの不注意で寿命を縮めてしまったことへの無念さは消えません。「もっと生きてやりたいことがあった」という思いが、今もたましいに深く刻まれています。

　そのため、今生では「病気を早期発見したい」と意識し、少しの変化も見逃すまいと健康に気を配るでしょう。疑心暗鬼になるのもいけませんが、予防する心がけは大切です。せっかく再び生まれてきたのですから、今の命に感謝し、前世でやりきれなかったことを、後悔なく徹底的にやり抜きましょう。

12 ネガティブに傾きやすい心

天のお告げ

「自分だけが満たされていない」というネガティブな気持ちが強く出るときは、つい他の人の動向が気になります。素敵な恋人がいる友達を見て「あんな人と付き合えて羨ましい」と嫉妬する。あるい

星

人生には〝バイオリズム〟があって、「何をやってもうまくいかないとき」は確かにあります。嫌なことばかり続き、心がどんよりとした雲行きになってしまうでしょう。

そんなとき、どうしたらいいか。その秘儀は、とにかく「じっとしていること」です。嫌なことが続いたときはジタバタせず、「何もしない」というフェイントをかけること。このフェイントを使わない人が、どんどんドツボにはまります。

悪いことが続くと、「わが家には何か因縁があるのでしょうか」などと気にする人がいますが、妄想で勝手にストーリーを作るのはやめましょう。因縁を気にするくらいなら、毎日笑って過ごしましょう。波長を高くしていれば、不運ははねのけられます。

それができず、不運を嘆き、幸せそうな人を妬んでいると、ますますネガティブな心になります。自分でも「ひがみっぽくなっている」と感じるときは、守護霊から「自分で行動を起こさなければ何も変わらない」と告げられていることに気づきましょう。

は、仕事で評価されている同僚を見て「どうしてあの人だけがおいしい思いをするの」とイライラする。そんな心にとらわれたときは、視線を自分に向けましょう。

　ネガティブな心を消すためには、人と比べないこと。他の大多数の人が、「ダイヤモンドを持っていることが幸せ」と思っている中で、あなたが密かに「脱いだ靴下の匂いを嗅ぐのが幸せ」と思うなら、それでいい。大事なのは、自分の秤で決めることです。

今のあなたは星か月、どちらに心惹かれますか？

月 or 星

月

あなたは、嫌なことが続いたり、精神的にしんどい思いを味わうと、なかなか浮上できないタイプかもしれません。何をするにも「最悪の事態」を想定しがちではないでしょうか。言葉を換えれば、それだけ慎重だとも言えますが、「もっと気楽に生きたい」とも思うのでは？

　物事を悲観的にとらえやすい場合、実は前世の影響を受けている可能性が。前世で味わった苦い思いがトラウマになって、たましいに刻まれているのです。たとえば、その日食べるものにも苦労し、ギリギリで生きていた……といった困窮《こんきゅう》を味わっていると、幸せな暮らしのイメージが湧きづらいでしょう。

　不遇な環境にいた前世があるたましいは、「次に生まれるときには、絶対に幸せになろう」と思っていました。ですから、今のあなたには、幸せになる義務があるのです。幸い、前世に比べれば、今は生き方を自由に選べる時代です。その自由に感謝して、思考を切り替えれば、その手で希望に満ちた未来を引き寄せることはできるのです。

13 疲れを溜め込みがちな心

天のお告げ

何もする気になれないほど疲れが溜まっているのは、ある意味、いい転機です。オーラを切り替えるきっかけにできるからです。

そのためにも、まずは自分をしっかり見つめ、エナジーを調整し

星

疲れが溜まったときに、マッサージや温泉などに出かけるなど、自分に合った気分転換法を持っていますか？「これをする」と決めておくだけでも、心が軽くなるものです。

ですが、時にはそうした対症療法では疲れが抜けきらない場合もあるでしょう。何をやっても空回りして、自分でも「そろそろ限界」と感じてしまうときは、たましいを元気にするためにも、聖地で身を清め、自分と向き合う時間を持つといいでしょう。

本当に追い詰められていると、生きるのさえ苦しいと感じてしまうかもしれません。そういうときは、〝再生〟のエナジーに満ちた湯殿山神社（山形県）もおすすめです（季節によって閉山時期があるので、訪問前には確認を）。

こうした聖地や、サンクチュアリと呼ばれる場所に行くときは、個人的な「お願い事」をしに行くというより、襟を正す心づもりで。「参拝をきっかけに、生まれ変わります」と神様の前で宣言できるくらいの真剣な気持ちを持って訪れるといいでしょう。

ましょう。一番簡単にできるのは、「色」を用いる方法です。

　たとえば、疲れがピークに達してテンションが高くなりすぎていると感じるなら、青色を持ち物に取り入れ、エナジーをクールダウンさせるといいでしょう。逆に、疲れきって、精神的に落ち込んでいたり、元気が出ない場合は、赤色を身に着けて、自分を鼓舞しましょう。また、身近な誰かが元気をなくしていたら、赤いものを贈ってあげるのも、おすすめです。


今のあなたは星か月、どちらに心惹かれますか？

月 or 星

月

「なぜかわからないけれど、力が出ないな」と感じることが多い。こういうタイプの人はどこかアンニュイなムードがあります。人前では明るく振る舞っていても、内面に〝かげり〟が潜んでいる可能性が高いのです。

　実は、前世から、同じような気質を引き継いでいて、疲れが溜まると途端に気持ちもふさぎ、輝きを失いがちなのです。

　そんなときは、アマテラスオオミカミをお祀りしている神社への参拝がおすすめ。乱暴を働いた弟神に怒り、天岩戸《あまのいわと》に閉じこもった神様ですが、神々の計らいでようやく一歩外に出た途端、再び世界に光が戻りました。この神話にあるように、アマテラスオオミカミは〝太陽神〟とされています。ご祭神にアマテラスオオミカミを祀る神社は伊勢の皇大神宮《こうたいじんぐう》（内宮《ないくう》）のほか、「神明《しんめい》社」「大神宮」「天祖《てんそ》神社」などとも呼ばれ、全国各地にありますから、近くの神社を探し、参拝しましょう。あなた自身の内なる輝きを取り戻すきっかけがつかめるでしょう。

14 トラブルを招きやすい心

天のお告げ

日頃から、ちょっとしたトラブルに巻き込まれていませんか。人間関係のもめ事だけではなく、たとえば、すれ違いざまに人とぶつかってしまうなど、心身共に「痛い思い」を味わいやすいでしょう。

星

あなたは、普段からやや口が過ぎるタイプではありませんか？　そのひと言が周りの人を傷つけたり、悲しませることがあるという事実に、あなたはまだ気づいていません。

自覚がないまま乱暴な言葉遣いをしたり、他人を思いやらずに言葉を発してしまうことが続くとき、切り傷などのちょっとしたケガを通して、天はあなたに注意を促します。警告に気づかず、不運を嘆いたり、「何かにたたられているのかも？」などと不安視するのは、はなはだ見当違いです。

まず、日頃の言動を振り返り、無愛想になったり、言いすぎたりしていなかったかを見直して、他者に対する優しさを持つよう、心がけましょう。

優しい気持ちを思い出すために、〝八幡さま〟を祀る神社にお参りするのもおすすめです。八幡宮は各地にあり、応神《おうじん》天皇やその母である神功《じんぐう》皇后などが祀られています。神前で心静かに自分自身を見つめ直しましょう。トラブルは、あなたの心が引き寄せていたと気づくでしょう。

何度か続いても、「偶然が重なっただけ」と思うかもしれません。「ああ、またやっちゃった」「ツイてない」と思う程度でしょう。
ですが、実はこうした出来事が起こるのは、偶然ではありません。「気を引き締めて生活するように」という天からの警告なのです。「大した問題ではない」と油断していると、もっと大きなトラブルを引き寄せてしまいますから、小さな芽のうちにトラブルの種を摘み取りましょう。

今のあなたは星か月、どちらに心惹かれますか?

月 or 星

月

あなたは、日頃から人とぶつかったり、転んでケガすることが多いかもしれません。実は、こうした人の前世の中には、〝戦〟で他者を傷つけることが多い家系（武家など）に生まれた経験があります。そうした因果もあって、ケガをしやすいのです。〝戦〟に関わる前世があると、今生でも好戦的な性格になるかと思いきや、まったく逆でバイオレンス映画でさえ怖くて観られないなど、あらゆる面で争い事を避けたいと思うほうに個性が表れたりします。
トラブルを招かないよう、平和主義を貫く姿勢は大事。ただ、仕事や学業などでライバルとの「勝負」に挑まなければならない場面では、気持ちで負けてしまいがちです。その場合は、スサノオノミコトをお祀りしている神社にお参りしましょう。アマテラスオオミカミが天岩戸に閉じこもる原因となった弟神ですが、同時にヤマタノオロチを退治したことでも知られる神様です。そのエナジーはとても強いので、あなたの内にもパワーがみなぎります。

15
お墓や神社が気にかかる心

天のお告げ

なぜか先祖の墓参りに行きたくなったり、神社に詣でたいと思うとき、実はあなた自身、「ちゃんと守られているのか」不安に駆られている状態にあります。

あなたの中で「自分ひとりの力

星

あなたは、日頃から「自分は守られている」という感覚をどのくらい持っていますか？ 最近は戦々恐々となる出来事も多く、「とてもそう思えない」と感じるかもしれません。

しかし、あなたの目に見えないだけで、時空を超えて、先祖や守護霊から愛されているのです。ですから、あなたもその愛に応えなければいけません。

墓参りが気にかかったときは、「一番の供養は、みんなが明るく楽しく生きていること」だということを胸に刻みましょう。あなたが楽しく生きていれば、先に旅立った方たちを心配させないで済みます。

先祖や守護霊にすがらず、日々「守られていること」には感謝して、あとはしっかり、自分の足で歩くことが、今を生きるあなたの役目です。

不安なことが多い時代ですが、心配しすぎないでください。あなたの学びに必要なことしか起きません。人生で起きることはみなご縁。「守られている」という視点を持って、目に見えないものへの敬いを忘れずにいれば、やがてそれがわかるでしょう。

で生きているのではない」とか「生かされているんだ」と身に沁みて理解できるようになったからこそ、しばらく墓参りに行けていないだけで落ち着かないのです。
〝目に見えない存在〟や〝あなたに縁のあるたましい〟に思いを馳せる時間を作ることが大切です。あなたという存在が、たくさんの命とたましいのバトンをつないで今ここに存在していることがわかると、自然とご縁に感謝する気持ちも湧き上がるでしょう。

今のあなたは星か月、どちらに心惹かれますか？

月 or 星

月

あなたは、前世で、〝目に見えないもの〟への畏敬《いけい》を持って暮らしていた可能性が高いでしょう。修道院などにいた可能性もありますが、そうしたダイレクトな敬神《けいしん》生活をしていなかった場合も、常に、敬いの心を忘れなかったようです。たとえ苦しい生活を送っていても、たとえば、朝日が昇れば自然と手を合わせて祈るような生き方をしていたのでしょう。

前世で積んだそうしたプラスのカルマによって、あなたはこれまでに実はたくさん救われているのです。これまでの人生の中で、「あのとき、どうして助かったのだろう」と不思議に感じるような出来事はありませんでしたか。ピンチに意外な人が救いの手を差し伸べてくれたり、挽回のチャンスをくれたこともあったのではないでしょうか。

それらはみな、言ってみれば「前世の徳の貯金」。いつまでも貯金に頼ってはいけません。今生ではあなたが誰かを助けたり、人を喜ばせたりして、新たな徳の貯金をすることを忘れてはいけないのです。

16 何か新しいことを始めたくなる心

天のお告げ

「新しいことに挑戦したい！」という前向きな気持ちが湧き上がってきたとき、守護霊から背中を押されていることがあります。インスピレーションを受け取って何かを始めるときは、霊的世界と〝プ

星

何かを始めるときは、それが「自分のたましいの体力」に合っているか、見極めることも必要です。挑戦をしようと思っても、それが夢見心地の妄想なら、現実逃避なのです。

大事なのは過程。いざ始めて、「飽きっぽい自分」がいるとわかったら、なぜ挫折するのか分析を。飽きるのは、実は、あなた自身に愛がないからです。生まれてきた意味さえ軽んじ、人生への挑戦から逃げているから、自分に甘く、怠惰になれるのです。

また、周りから反対されたときにも学びはあります。足止めに遭うと、「どうして邪魔するの！」と意地になるかもしれませんが、感情に振り回されるのは幼いたましいです。反対される理由を見極め、そのうえで、進むにしろやめるにしろ、自分で答えを出しましょう。人生の監督は、あなた。他人に判断を丸投げしてはいけません。長続きせずにやめ、「やっぱり続けておけば……」と後悔したとしても、その悔やみさえもあなたの成長のもと。あなたの人生です。責任さえ持てば、好きに生きていいのです。

ラグ〟がつながった状態です。

ただ、こうした「天からのお告げ」を受けることができるのは、それまでに努力をしてきた人。そして、その努力が私欲を満たすためのものではない人だけです。「うまいことやろう」と目論んで何かを始めると、その打算は、現世的に言えば「痛い目を見る」という形で返ってきます。何かに挑戦する前には、自分自身の動機をたましいに問いかけることを忘れてはいけません。

今のあなたは星か月、どちらに心惹かれますか?

月 or 星

月

何か新しいことを始めたいと思うものの、重い腰が上がらず、動かないまま終わってしまうことはありませんでしたか? やってみたいことはあるのにタイミングが合わなかったり、資料だけは取り寄せたけれど、そのまま積み上げてしまったり……。そんなふうに、意欲はあるのに進めない場合は、前世に思いを馳せましょう。

その前世では、自分の人生を豊かにすることを考えたり、人生の目標を立てるような余裕が、まったくなかったのでしょう。男性だったときの前世が今生に大きく影響を与えている場合は、〝決められた仕事〟や〝役目〟のみに捧げた人生だったので、「他にこういうことがやりたい」といったイメージが湧かないのです。男だったというだけで尊重されたため、ぬくぬく育っていて、今生では逆に、バイタリティが弱くなりがちです。女性に生まれた場合は、そもそも「選択の自由が少ない」ことも多いので、新しい挑戦が許される環境ではなかったでしょう。

そう考えれば、今がいかに幸せかわかるはずです。

導き

星月のしるし

「導き」で取り上げた16項目で、
あなたは「星」と「月」のどちらに心惹かれましたか。
インスピレーションで先に選んだほうをチェックし、
合計を集計してください。

月	星	
☽	★	01
☽	★	02
☽	★	03
☽	★	04
☽	★	05
☽	★	06
☽	★	07
☽	★	08
☽	★	09
☽	★	10
☽	★	11
☽	★	12
☽	★	13
☽	★	14
☽	★	15
☽	★	16
		計

P150へ ←

愛情

あなたは、愛を学ぶためにこの世に生まれてきました。すべての人の学びに共通する「愛情」をテーマに、あなたへの神示が届いています。恋愛に限らず、〝人を愛すること〟を学びましょう。

01 新しい出会いに揺れる心

天のお告げ

出会いと別れ。たましいは、そのどちらの経験を通しても磨かれます。あの世に物は何ひとつ持って帰れませんが、思い出は持って行けます。そして、それは永遠に奪われない「感動」なのです。

星

新しく出会った人とうまく意思疎通がはかれないと思ったとき、効果的な秘儀があります。

それは「直筆」の手紙を書くこと。簡単なメッセージカードでもいいので、そこにあなたの気持ちをありのまま、素直に書きましょう。書いたときの念がテレパシーとなって相手に伝わるので、渡さなくても構いません。

また、物の貸し借りをするのもいいでしょう。本1冊でも構いません。貸し借りによってお互いのオーラを交換することができ、心の距離がグッと近づきます。実はオーラには2種類あり、そのうちの「感情を表すオーラ」（幽体《ゆうたい》のオーラ）を相手が感じ取って、意思疎通がはかりやすくなるのです。

あとはとにかく、聞き上手になること。自分語りをするのではなく、まず、「聞き役」に回ると相手は安心します。そのとき、呼吸を相手に合わせるのもおすすめ。気持ちが焦って息が上がっていると、それだけで相手も落ち着かなくなってしまいます。リラックスした穏やかな呼吸で話しましょう。

出会いがあったとき、「うまくやっていけるか」と不安に思うのは当然。別れた恋人やなじんでいる人のほうが、思い出がある分、情も深いはずです。でも、「一から始める喜び」を見出しましょう。

　どんなに愛し合っていても、この世を去るときには肉体のうえでは「別れ」が来ます。たましいの絆は消えませんが、今生《こんじょう》で接する時間には限りがあります。だからこそ、一瞬一瞬に想いを込めて、縁を育《はぐく》むことが大切なのです。


今のあなたは星か月、どちらに心惹かれますか？

月 or 星

月

新しい出会いがあっても、「またいずれ別れが来るのでは」とビクビクしていませんか。あと一歩の勇気が出ず、交際に踏み切れなかったり、過去の人を思い出すと寂しくなって、「もうあんな思いをするのは嫌」と、せっかく出会った縁を進展させることをためらうかもしれません。

　前世で、恋人や子どもなど、大切な誰かと生き別れになった場合には、それがトラウマとなり、今生でも極端に別れを恐れる傾向に陥りがちです。

　たましいの歴史の中で、それだけ深く愛した経験があるのは、素晴らしいこと。結末だけを見ず、愛をかわした一瞬があったことを誇りに思いましょう。別離の悲しみが再生を経てもたましいに深く刻まれるほど、人を愛せる気質を持っているのですから。

　悲しい愛の記憶がたましいに刻まれている人は、今生でも、愛の学びをたくさん経験するでしょう。楽しいことばかりではないかもしれませんが、喜怒哀楽のすべてを味わいたいと望んで生まれてきていることに、今、改めて思いを馳せましょう。

02

相手に怒りが湧いてくる心

天のお告げ

好きな人が振り向いてくれない。または、付き合っていても、相手が自分の気持ちを汲《く》んでくれないなど、不満の感情が爆発すると、怒りに発展していきます。

この「怒り」という感情は、あ

星

怒りが湧く原因を客観的に見つめようと思っても、そこに恋愛感情が絡むと、理性的にはなりづらいもの。その怒りを抑え、理性的に切り替えていくのは至難の業でしょう。

そういうときは、怒りを吐き出すために、「息吹」を使うのがいいでしょう。お腹に力を入れ、まさに腹に溜まったものを息とともにスーッと吐き出して。

また、「怒りをかわす」ことも大事。それには笑うことが一番有効です。言いづらいことほど笑いながら言うと、案外、さらりと言えるものです。

たとえば、受け入れ難くてイライラすることを相手から言われたときには、いったん笑って、その場を離れるという手があります。恋人から「別れてほしい」と言われ、その場で判断に困ったら、とにかく「アハハハ」と笑って、トイレにでもこもればいいのです。相手は驚くかもしれませんが、大事なのはそこでいったん、あなたの気を落ち着けること。怒りをかわすことで、〝感情優位〟だった心を〝理性優位〟の心に変えることができます。

なた自身の「期待感」の裏返し。「こうであってほしい」という願望で相手を見てしまっているから、その期待通りでなかったりすると、怒りが湧くのです。最初から期待していなければ、不満も怒りも湧きません。淡々と現実を受け入れられるはずです。

　怒りが湧くのはなぜか。そこを見つめれば、お互いの関係を今後より良くしていくため、もしくは仕切り直すために必要なことが見えてくるでしょう。

今のあなたは星か月、どちらに心惹かれますか？

月 or 星

月

愛情面に限って、「怒りの感情」に翻弄されやすい場合、前世において、愛情不信となる出来事があったのでしょう。そのときは耐えるしかなく、我慢し続けた苦しみが深くたましいに刻まれています。あなたがこの世に再び生まれてきたのは、愛に対する絶望感を拭い、「本当の愛を知りたい」と志してきたからこそ。ですから、愛に臆病になるのはもったいないことなのです。

　ただ、そこで気をつけないといけないのは、「愛をもらうこと」ばかりを考えてしまいがちな点。自分から与えてこそ、相手からも愛が返ってくるということに気づく必要があります。

　逆に、前世でのんびりした暮らしをしていたり、庇護《ひご》されていた人生だった場合は、「怒り」に鈍感。相手を怒らせてしまったのに、他人事のように冷めた反応をすると、それはそれで火に油を注いでしまいます。「我、関せず」と無関心になりすぎず、怒りという感情を知ること、怒っている人の気持ちも理解しようとすることが大切です。

03 つい嘘をついてしまう心

天のお告げ

恋をすると、〝いつもの自分〟より良く見せたいと背伸びして、嘘をつくことがあるかもしれません。それが、「向上したい」という前向きな気持ちからつく嘘なら、〝悪意のある嘘〟とまでは言えないかも

星

背伸びをして相手に合わせたり、本心を隠して我慢し続けるのも、相手を愛しているからだと思うかもしれません。そればかりか、「相手に合わせるのも苦ではない」と考えているかもしれません。でも、それは、残念ながら、自己中心的な愛（小我《しょうが》）です。

恋愛がうまくいかなくなるのは、相手に合わせすぎて疲れているからではないでしょうか。嫌われたくない、捨てられたくないなどいろいろな理由をつけ、自分を抑え込んでいないでしょうか。「相手に合わせすぎている」という自覚があるなら、一度、思いきって本音をぶつけてみましょう。そして、偽らない〝本当の自分〟を見せたときの相手の反応を見るのです。たまにはそういった〝お試し〟も必要。

本当のあなたを受け入れられない相手なら、しょせん、その程度の人だったということですし、あなたもあなたで、相手への依存心があったから、〝本当の自分〟を見せることができなかっただけなのです。小我の愛には、小我の愛しか返ってきません。

しれません。

けれど、なかには「相手に嫌われたくない」という自己保身から嘘をついてしまう人がいます。〝本当の自分〟を押し殺すほうに努力を向けてしまうのです。ほころびはいずれ表に出てくるのに、嘘に嘘を重ねてしまうことも……。嘘のない姿でいるためには、自分らしさを受け入れたうえで、良きところは伸ばし、未熟さがあるなら、克服する努力が必要。無理な背伸びは、自分が苦しいだけです。

今のあなたは星か月、どちらに心惹かれますか?

月 or 星

月

前世で「閉鎖的な環境」にいた可能性があります。日本で言うならば、大奥のようなところです。処世術をわきまえていないと生きられないような、息が詰まる出来事を経験してきたのでしょう。足の引っ張り合いも多かったはず。大奥ほど特殊な環境ではない場合も、女性に生まれ、男性優位の社会で暮らしていたでしょう。家のために必死に働き、一生を終えた人生でした。

つらいことがあっても我慢し耐え抜いた前世が、今のあなたには大きく影響しています。だからこそ、今生でまで、自分を曲げたり、嘘をついたりする必要はありません。苦労が多かった分、たましいは、「もっと奔放に生きたい」と願っているはずです。そして幸いにも、前世のどの時代よりも、現代は、「自由」を選択できる時代です。

あなたがあなたらしくいられる相手、嘘をつかなくても付き合える相手は、必ずいます。その出会いを引き寄せるためにも、「嘘をつく心」を克服するのが先。そのうえで、本当の幸せを手にしましょう。

04 気持ちを伝えたい心

天のお告げ

心を寄せる人、あなたが大事に想う人に気持ちを伝える秘儀があります。恋愛だけに限らず、あなたの周りにいる大切な人たちに、あなたの心を伝える方法です。

そのために、まず、「手」に意

星

手には、その人そのものが表れ、手の表情が美しい人は、周りの人たちから愛されます。

たとえば、日常でのマナーとして「人を指さしてはいけない」と言いますが、そうしたことが自然とできていますか？

あなたの仕草や所作を見直してみましょう。

よく、大事なことを見落とさないために〝指さし確認〟をしたりしますが、実は手指の所作に意識を向け、そこにあなたの強い想いを込めるからこそ、念のバリアとなって、ミスを防げるのです。

そのくらい、手指にはあなたの想いが宿ります。

たとえば、もし、あなたの大切な誰かが落ち込んで泣いていたなら、さっとハンカチを差し出してあげましょう。その何気ない手の仕草の中に、あなたの思いやりや愛情を込めることもできるのです。

恋愛に限ったことではありません。あなたの愛や思いやりの心を「手」に託しましょう。激励の意味で、手で肩をポンポンと叩くのも、手からあなたのオーラを伝えることで、相手を癒やしているのです。

識を向けることが大切です。一般的に、「〝目〟は口ほどにものを言う」と言われますが、スピリチュアルな視点で見れば「〝手〟は口ほどにものを言う」なのです。そのくらい、手には、その人のたましい、心が如実に表れます。

大切な人の前で、愛がこもった手の所作ができているでしょうか。爪の先にまで神経を傾ける「意識」が大切です。細部にまで心を宿せる人は、その他のことにも細やかに気を利かせられるのです。


今のあなたは星か月、どちらに心惹かれますか？

月 or 星

月

あなた自身、周りの人から、「手の所作がきれい」と褒められることがあるかもしれません。手そのものが美しいかどうかという〝見た目〟だけではなく、細やかな心配りが、あなたの手や指先に表れているのでしょう。

あなたの前世の中には、実はとてもスピリチュアルな世界に近いところにいた経験もあるようです。祈りを捧げたり、目に見えない世界を重んじる暮らしをしていた可能性が高いでしょう。そうした影響もあり、今でも霊的なことへの関心が高かったり、ひときわ感性が鋭いかもしれません。

霊的世界に関心を寄せた前世で、さまざまな経験を積んだあなたに、今必要なのは、自分自身の放つエナジーにもっと責任感を持つということです。想いを寄せる相手がいる・いないにかかわらず、あなた自身のエナジーで相手を癒やせるように、すべての人に対して愛情深く接していきましょう。愛はもらうものではありません。あなたが愛を与えてこそ、返ってくるものなのです。

05 ぬくもりが恋しい心

天のお告げ

ひとり暮らしで高熱を出して寝込んだときや、仲が良かった友達の結婚が決まったときなど、ちょっとした出来事がきっかけで寂しくなり、人恋しさが募る瞬間はあるものです。

星

人恋しさを感じたときは、そう感じた理由をしっかりと見つめてください。ただ何となく恋しくなっただけか、心に蓋をしていたけれど、実は「もっと人と触れ合いたい」とずっと思っていたのか……。隠れていた心を見つめましょう。頭の中だけで考えて曖昧にせず、きちんと自分の言葉で、その理由を書き出すといいでしょう。

そうやって内観し、「パートナーを見つけたい」など、本心からの願いが浮き彫りになったら、「祈りと浄化の作法」（p154参照）を試すといいでしょう。

今までの価値観や世間体はいったん横に置いておき、「自分の心」に素直になってください。あなたの中で一本きちんと筋が通っているなら、これまでとはガラリと違う方向に舵を切っても構わないのです。「誰かと愛し合って、ぬくもりを得たい」と思うなら、その心に沿って行動を起こしていきましょう。素直さを持つことは、愛される秘訣です。

「寂しい」「恋しい」と嘆くだけで終わらせず、本当はどうしたいかを見つめれば、未来は拓《ひら》けます。

人恋しさが湧き上がってきたときは、逆に「寂しくない状況って何？」と自問してみましょう。友達がいれば、それで本当に不安は全部拭えますか？ 「何でも話せる友達」が欲しいと思うかもしれませんが、何でも話されたら、相手の負担になることもあります。そもそも、あなたは「友達」の定義がきちんと言えますか。友達＝依存する相手ではありません。どんな人とも節度ある距離感を保つのが一番。それが「腹六分」です。

今のあなたは星か月、どちらに心惹かれますか？

月 or 星

月

月に惹かれたあなたは、今生の性別にとらわれることなく、「たましいの声」に耳を傾ければ、〝本当の自分〟が現れてきます。

たとえば、前世で女性に生まれ、子だくさんで子育てに追われた一生だった場合、今生では「シングルで生きてみたい」と望んでくることがあります。ですが、前世での経験のほうがたましい的にはなじみが深いため、周りの友達が結婚したり、出産したという話を聞くと、「私も早くしないと……」などと妙に気持ちが急いてしまいがちです。

ここで大事なのは、〝あなた〟が、今生で何をしたいと望んで生まれてきたかを分析すること。前世での経験がどうであれ、あなたが生きているのは今の人生なのですから、周囲の声や自分の中にある固定観念には縛られず、本心を探っていってください。

たましいの成長のためには、「前世とは違うバリエーション」をたくさん経験しましょう。ただ、あなたは霊界の〝操り人形〟ではないのですから、どうするかを最終的に決めるのは、あなた自身です。

06
愛される自信が持てない心

天のお告げ

この世に生まれた人に共通する課題があります。それは「愛」を学ぶということ。自分のことを一番に愛する狭い世界から出て、家族や友達、恋人というふうに、「自分以外の人を愛すること」を学ぼ

星

「愛される自信がない」という心の揺れを、一番に味わうのは、やはり恋愛でしょう。

たとえば、体のコンプレックスが原因で親密に付き合えないと悩んでいる人もいるでしょうし、失恋が尾を引いて、「二度と人を愛せない」と思い込んでいる人もいるでしょう。ですが、そういうふうに恋に対して前向きになれない原因があればあるほど、深層心理では人一倍、愛を渇望しています。

その本心に素直になって、おびえずに、たくさん恋をしましょう。相手から守られることや愛されることだけを求めず、自分からも愛しましょう。「自信がない」と下ばかり向いていると、どんよりした低い波長になり、オーラもくすみます。当然、その状態では、高い波長の出会いを引き寄せられません。

〝愛される人〟は、素直で、朗らかです。いきなりすぐに心の傷を癒やすのは難しいと思うなら、いつもよりも明るい笑顔を浮かべてみましょう。それだけでも、少しずつ状況が変わります。

うと志しているのです。

「愛される自信が持てない」という悩みを抱えているなら、過去を振り返り、そう思うに至った原因がどこにあるかを探りましょう。

　恋愛や結婚での失敗、人間関係での挫折などを通じ、誰でも多かれ少なかれ、過去に〝十字架〟を背負っています。けれども、この十字架の数は、言うなればたましいの〝成長の証〟です。後悔や痛みを味わったからこそ、他者を思いやり、愛せる人になれるのです。


今のあなたは星か月、どちらに心惹かれますか？

月 or 星

月

「愛されること」に自信を持てないたましいには、恋愛への向き合い方に前世の影響が色濃く表れているでしょう。

　恋愛にネガティブな感情を抱きやすかったり、実際、いい思い出がないという人は、その前世で、虐げられた経験をした可能性があります。愛された実感を持ったことがあまりないようです。そういう前世があると、たとえ今、好きな人といい雰囲気になっていても、「自分には愛される資格がない」と強い否定感が湧きがちです。

　一方、恋愛への苦手意識がまったくない場合は、蝶よ花よと大事に育てられ、愛されたときのことが、今生に影響しています。今も、恋人が途切れないほど魅力があり、「魔性」と言われることも。ただ、心のどこかで愛を軽んじているところもあります。

　タイプは真逆なのですが、実はこのどちらの場合も、本当の愛を知りたいと望んで生まれてきています。「人を愛することを学ぶチャンス」をふいにせず、つまずくことを恐れず、向き合いましょう。

07

失望することを恐れる心

天のお告げ

トラブルは、突然の災難ではなく、足元を見つめ直すきっかけをくれる「小休止」です。

たとえば、恋愛に絡んで何かうまくいかないことがあったとき、そこで失望感に襲われるのは、あ

星

無意識のうちに〝成就しそうな相手〟ばかりを選んだり、逆に、自分を安全なところに置いておくため、〝片思い〟ばかり繰り返してしまうことはありませんか。どちらにしても、「傷つきたくない」という思いが強いために、自己保身に走る傾向があるのです。

裏切られた経験があると、「失望することへの恐れ」から、消極的になってしまうのもよくわかります。でも、厳しい言い方ですが、最初に出会ったときに相手を見極められなかった自分の責任です。

振り返ってみてください。「この人、結構癖があるなあ……」と思ったにもかかわらず、情にほだされて付き合ったり、「きっと、いいところもあるはず」と目をつぶっていませんでしたか？　結局ひどい目に遭い、「やっぱり思った通りだった」となっても、〝後の祭り〟です。あなたの中に弱さがあったから、最初の直感に従えなかったのです。見極める目を持つためにも、依存心を捨て、自分を律した「孤高」でいましょう。

なたの中に「あわよくば……」という下心があったから。何も期待していなければ、がっくりくることもありません。

　また、もしあなたが正当な努力をしていたなら、「結果は後からついてくるもの」と納得し、「後は天に任せよう」と、悠然と構えられるはずです。

　失望することが続くときは「そもそもそこに打算がなかったのか、しっかりと見つめなさい」というメッセージだと受け止めましょう。


今のあなたは星か月、どちらに心惹かれますか？

月 or 星

月

恋愛に最初から期待していなかったり、結婚願望が薄い人は、前世で結婚していたとき、家庭内で失望することが多かった可能性があります。

　子どもを病気や不慮の出来事で失ったり、理不尽な理由で離縁させられたりするなど、痛みを味わったのでしょう。その悲しみが長く胸を締めつけ、悔やみ続けた経験があるようです。

　あなたのたましいの中に、そのときのことが残っています。記憶として思い出せなくても、想いが刻まれているのです。幸せな恋をしている最中でさえ、「この恋もきっと長続きしないだろうな」などと悲観的思考に陥りやすいのではありませんか？　幸せになっているイメージが湧かず、誰と付き合っても不安が拭い去れないかもしれません。

　でも、安心してください。過去に幸せを得られなかった経験があるほど、たましいは「今生でまで同じ悔やみを抱きたくない」と切望しています。物事を悲観的に考えそうになったら、「やり直すために生まれてきたんだ」と自分に言い聞かせましょう。

08 見た目が気になる心

天のお告げ

美人のほうがモテて、〝恋愛も結婚も思いのまま〟だと思うかもしれません。「美人は得をする」、「見た目の良し悪しで人生も変わる」と感じる人も多いでしょう。

ですが、美醜の価値観は、時代

星

ざっくばらんに言えば、顔形がみな違っているのは、同じだったら、磨き合えないから。個性が違うからこそ、お互いに切磋琢磨したり、葛藤できるのです。それぞれの学びにふさわしいようにオーダーメイドしてきた「見た目」に、愛を向けましょう。

愛を向ける方法のひとつとして、「肌に触れること」をおすすめします。女性であれば、メイクをするときなどに日々触れているでしょうが、世代や性別に関係なく、素手でまず、顔に触れてみましょう。目の下にクマができていたり、肌荒れしているなと感じることがあったら、単なる肌トラブルと思わず、生活全般を見直しましょう。油っぽいものを食べすぎたとか睡眠不足だったなど、現実的な面を見て、生活リズムに乱れがあれば、改善していきましょう。

そして、実は、肌のコンディションは、心のコンディションとも連動しています。肌の乱れを感じたときは、心が疲れていたり、イライラしていないか見つめ直し、自分にもっと愛情を傾けましょう。

によっても様変わりするもの。〝平安美人〟と〝平成美人〟では大きく違っています。けれど、どんなに造形が美しい人であっても、性格に棘《とげ》がある人はそれが表情に出ます。なかには、チヤホヤされすぎて、人生の道を誤る人もいます。反対に、美形ではないけれど、すごく心ばえのかわいらしい人で、愛されて幸せになる人もいます。『美女と野獣』の物語ではありませんが、本当の美しさは、やはり心の中から出るものなのです。

今のあなたは星か月、どちらに心惹かれますか？

月 or 星

月

あなたは、見た目を気にしていると言っても、実はそれほど深刻に思い詰めたりはしていないのではないでしょうか。たとえば、肌がちょっと荒れているくらいなら、「まあ、別にいいや」と、何もせず放置してしまうことも。

実は、執着が薄いのは、見た目に関してだけではありません。全般に淡白なのは、前世の名残です。

前世で生きてきたのは、今ほど長生きできる時代でもなければ、自由に恋愛できるような環境でもなかったようです。何をするにも、常に「受け身」の人生でした。それが普通の生き方だったから、そのときは特に不満を抱くこともなかったでしょう。

けれど、たましいは、もっと多様な生き方にチャレンジしたいと願っています。せっかく、この時代に生を受けたのですから、受け身になりすぎないように心がけましょう。「多様に選べる時代に来た」と実感するため、世界各地の料理を味わってみるのもいいでしょう。ほんの小さな挑戦ですが、そうした積み重ねが、あなたの心とたましいを豊かにします。

09 報われない思いにとらわれる心

天のお告げ

「誰からも愛されていない」とか、「報われない」と考えてしまう心。そんな心にとらわれると、悲観的になってしまうでしょう。

ここでいう「愛」とは、なにも恋愛の「愛」に限った話ではあり

星

愛について考えているまさに今、あなたにとっての大きな分岐点を迎えています。あなたが取り組まなければならないのは、「家族」との関係を見直すことなのです。とりわけ、母親とどう関わってきたか、振り返ってみましょう。

過保護に育てられ、その愛を重いと感じていたり、その逆で、「愛されていなかった」とネガティブに思ったり……。さまざまなケースがあるでしょうが、どんな気持ちが湧いてきますか？　その感情から目を背《そむ》けず、しっかりと向き合いましょう。

そして、たとえわずかでもそこに愛があったから、今あなたはここにいるのだということに気づきましょう。もらった愛をエネルギーに変えれば、これから、あなたはその足でしっかりと立って生きていけるのです。あなたという存在が愛され、また、必要とされていることがわかると、あなたの中の「愛の電池」が満たされ、今度はその愛を周りに与えることができるようにもなります。そうすると、扉が開くように、人生の道も拓きます。

ません。あらゆる人間関係において、「愛」がキーワードになります。誰かからもらう愛、与える愛について考えてみましょう。

この世に生きている限り、愛されていない人はいません。「愛しているよ」などと生易しく言ってもらえなかったとしても、あなたは、天から十分愛されています。もしそれがわからない人は、ただ気づいていないだけ。素直に「自分は愛されているんだ」ということを理解しましょう。

今のあなたは星か月、どちらに心惹かれますか？

月 or 星

月

なぜか家族、特に母親との関係がギクシャクしていたり、人を愛することに苦手意識があるなら、それは、前世の経験によるものでしょう。

前世において、家族間にトラブルがあった可能性が高いのです。たとえば、母親に捨てられ、親の愛を知らずに生きてきたケース。または、逆に、親に対して不義理をした「恩知らずな子」だった可能性があります。いずれにしても、母親との間にわだかまりを抱えていたことが見えてきます。

前世で味わったつらい経験は、次に生まれてきたときにも「課題」として持ち越すことがありますが、それは「今度こそは克服したい！」と、たましいが願ってのこと。たましいを成長させるために、選んできたカリキュラムです。

親子間、特に母親との関係性を見直してみると、表向きは良好に思えた中にも、課題が見つかるかもしれません。何か少しでも引っ掛かりがあったり、気になったことがあれば、それらはすべて、前世からの大事なメッセージだと受け止めましょう。

10 素直になれない心

天のお告げ

想いを寄せる人に気持ちを伝えたいけれど、素直になれない。「振られたらどうしよう」と考えているうちは自己憐憫《れんびん》が強く、一番に愛しているのは自分自身のこと。相手を愛してはいません。

星

好きな人の前で素直になれず、わざと三枚目を演じてしまう人がいます。明るく振る舞うこと自体は悪いことではありませんが、「どうせ魅力がないから……」とふてくされて自分を落としているのなら、考えを改めて。自分を傷つけ卑下する心は、他者を差別する心に相通じます。自分を愛せない人は、他人も愛せません。

できていないと思うなら、「私は天に愛されている」と毎日声に出して言ってみましょう。身近な人にあなたのいいところを言ってもらうのもいいでしょう。万が一、十のうち九個けなされたとしても、そこにひとつ愛の言霊《ことたま》があれば、人は変われます。

自分を見つめに、聖地を巡るのも一案。なかでも、アメノウズメノミコトに縁《ゆかり》のある聖地へ。天岩戸《あまのいわと》に隠れたアマテラスオオミカミを外に誘い出すために舞った女神のご神気に触れ、あなたの内に眠る魅力を引き出しましょう。ご祭神として祀る神社も各地にありますし、天岩戸そのものをご神体としている「天岩戸神社」（宮崎県）もおすすめです。

思い通りにいかないからといって、ひねくれて、〝かわいげ〟をなくしてしまっていませんか？「良いことがない」「いい恋ができない」などと愚痴ばかり言っていませんか？「幸せになりたい」と思うなら、自分の身のこなしをよく見ましょう。想いを寄せる相手以外に対しても思いやりを持って接していますか？ 愛のない人に、愛は宿りません。好きな人と結ばれたいなら、思いやりのある心を磨くことが先決です。

今のあなたは星か月、どちらに心惹かれますか？

月 or 星

月

月に心惹かれたあなたは、性に関する学びがあります。前世で、女性に生まれていました。そしてそこで大変な苦労を味わったようです。夫と不仲だったり、セックスに対する嫌悪感を抱く経験をした可能性が高いでしょう。そのときに感じた嫌な思いがあなたのたましいに刻まれているため、今も恋愛中に深い関係になっていくほどに不安が増したり、相手の気持ちに素直に応えられなくなりがち。肉体的な触れ合い自体を苦手に感じる人もいるでしょう。

素直に愛を表現できない心の裏に「前世」が関わっている場合は、深いトラウマになっていることもありますから、焦らず時間をかけて癒やしましょう。

前世にとらわれず、「生まれ変わりたい」と思うなら、イザナギノミコトとイザナミノミコトの男女神をお祀りした神社（宮崎県・江田《えだ》神社など）にお参りするのも一案です。神々を生み出したこの二神のエナジーに触れることで、苦手意識や頑なさを取り除くきっかけがつかめるでしょう。

11

愛を引き寄せたい心

天のお告げ

自分よりも不誠実な人がモテたり、先に結婚を決めて、「どうして？」と理不尽さを味わうことがあるかもしれません。

ですが、そこでその人のことを悪く思ったり、意地悪な心になっ

星

愛を引き寄せたいなら、「念力」を持つことも必要です。もし、出会いが欲しいと願っているのなら、どんな性格の人なのか、どんな仕事をしているか、デートはどこに行くのかなど、とにかく具体的にイメージしましょう。この段階でまったくイメージが湧かないなら、引き寄せる念力が足りません。もっと言えば、実は深層には、「それほど出会いを欲していない」という心が隠れていることもあります。

友達に恋人ができたり、結婚していくのを見ると、取り残されているような不安感に駆られるかもしれません。けれど、「いつまでにしなければならない」と決まっているものでもありません。年齢などの「物質的価値観」で考えず、恋愛も結婚も「したいときがそのとき」と大らかに考えるのが一番です。

人を好きにならないと……と焦らず、「友達になること」から始めてもいいのです。また、成就することだけがすべてでもない。片思いも失恋も、人を愛するエクササイズととらえましょう。

てしまうと、ますます愛は遠ざかってしまいます。幸せな人は、意地悪しません。

意地悪したくなるような「心の醜さ」を感じるときは、あなたが自分に注がれている愛を忘れている証。この世に、愛されていない人はひとりもいません。不必要な人もひとりもいません。

あなたが優しい心を持って人に接することで、あなたの中に愛が蓄えられて、今度はそれを周りに与えられるようになるのです。

今のあなたは星か月、どちらに心惹かれますか？

月 or 星

月

愛されたい。誰かを心から深く愛してみたいと純粋に願っているにもかかわらず、そう思えば思うほど、「しょせん叶わない夢だ」とあきらめてしまうのも早いかもしれません。

これまで片思いが多かったり、不倫など、成就しづらい恋にばかりハマっていたなら、あなたのたましいの中に、愛を恐れる気持ちや傷つきたくない気持ちがあるのです。その思いが強いため、無意識のうちに「難しい恋」を選んでいたと言えます。

これは、実は前世の名残。何か大きな障がいがあって、好きな人と結ばれることなく終わったなど、思うようにいかなかったときのことが、鮮明に残っているのでしょう。しかし、現世に生まれてきたのは、そうした悲しみを乗り越え、「愛を知りたい」と願ったからにほかなりません。

愛を引き寄せたいからといって、媚《こび》を売る必要はありません。テクニックとしての恋愛術を磨くのではなく、人間性そのものを輝かせれば、愛を引き寄せることはできるものです。

12
触れ合いがなく不安に思う心

天のお告げ

性の問題はセンシティブなテーマであるため、人には言えずに苦しんでいるかもしれません。たとえば、セックスレスの悩みなども深刻で、「触れ合いがない＝愛が冷めた」と思い詰める人もいます。

星

恋愛に関しては、価値観はそれぞれ。ですから、あなたにとって大事なのは、「人は人、私は私」と理性的な割り切りをすることです。周りの意見に翻弄されたり、メディアの情報や統計などに一喜一憂する必要はありません。気に病むと、「こういう場合はこうでなければ」といった固定観念が生まれ、縛られかねません。

肉体的な触れ合いだけではなく、心のすれ違いも感じるときは、まず、相手を理解することが大事。あくまでひとつの傾向ですが、家族から関心を持たれずに育ったり、家庭内で寂しい思いをしていた場合、「和合すること」がどういうことか見えなくなっていることがあります。ゆえに、触れ合い方、愛し方がよくわからなくなってしまうのです。

思い当たることがないか、自分についての分析・理解に努めましょう。そして、あなたが相手に無関心になってしまっていないか、見直すことも必要です。セックス以前に、言葉のコミュニケーションをなくしていなかったか、振り返ってみましょう。

セックスというと、どうしても、〝体〟の話と思うかもしれませんが、実は〝心〟、コミュニケーションの問題が深く関わります。

たとえるなら、異国間交流のようなもの。相手の言語を学ぼうとせず、自分の母国語だけでしゃべっていたら、当然話は通じません。それと同じで、セックスの問題で悩むときは、価値観や欲求の強弱など、〝相手との違い〟を受け入れ、「理解しよう」と努め、心を寄り添わせることが大切なのです。


今のあなたは星か月、どちらに心惹かれますか？

月 or 星

月

これまでの恋愛を振り返ってみて、相手と触れ合うことに対して苦手意識を持っているなら、それは、前世の名残かもしれません。

もっと近づきたい、触れたいと思うのに、実際に近づかれると嫌悪感があったり、肉体的な触れ合いが好きになれない……。そんな人は、前世で女性として生まれていて、その中で、男性に力ずくで好き勝手にされたり、傷つけられても抵抗できなかった経験がある場合も。または、相手から言い寄られて、尽くしてもらったものの、自分のほうが飽きてしまったというケースもあります。ベタベタされると、余計に嫌になってしまいます。

そうした過去の経験がたましいに刻まれていると、今生でも触れ合いは苦手に……。ただ、どんなにつらい経験をしていたとしても、すべて前世の出来事。たましいに受けたショックが大きかったとしても、今のあなたはそれを挽回したいと願っています。過去にとらわれることなく愛を育《はぐく》むことこそ、あなたが望んだカリキュラムなのです。

13 トラウマや因縁に引きずられる心

天のお告げ

今も心に棘が刺さったままになっている〝トラウマ〟について、「逃げずに向き合いましょう」という神示が届いています。

トラウマには2パターンあり、ひとつは、現世に来てからぶつか

星

恋愛や愛情の問題でトラウマがあるなら、「分析する視点」を持ちましょう。

たとえば、「恋愛に依存してしまう」という思いぐせを抱えているケースを一例に取り上げます。恋をしていないと落ち着かず、まるで蝶が花から花へと舞うように、愛情をむさぼってしまう。恋人がいないと安心できないとか、セックスしていないと守られている気がしない。そんな気持ちになる人が、男女問わずいます。

この場合、現世の家庭環境で愛を得られなかったとか、恋人に裏切られたなど、直接的な原因があることも。得られなかった愛を手にするため、恋愛依存に走っている可能性が高いのです。加えて、そこに前世での出来事も絡むとトラウマがさらに色濃く表れることもありますが、どちらにせよ寂しさが強いため、愛を渇望してしまう状態なのです。

この例のように、うまくいかなかった恋や思いぐせを振り返ると、そこに、あなたが今、癒やすべきトラウマの本質や乗り越えるべき課題が見えてきます。

った試練によってできたもの。もうひとつは、たましいの歴史の中で経験した痛み、挫折などがつくったものです。いずれの場合も、そのトラウマを乗り越えることができるまで、何度でも似た試練を引き寄せることになるでしょう。
トラウマと向き合えるのは、ある意味で現世冥利に尽きること。むしろ、克服したいからこそ、生まれてきたのです。試練が続くときは、「克服のチャンス」ととらえ、考え方を切り替えましょう。

今のあなたは星か月、どちらに心惹かれますか?

月 or 星

月

「恋愛がうまくいかないのは、何か、前世の〝因縁〟でしょうか?」。そういうふうに、何かとすぐ前世のせいにしたがる人がいます。あなたは、そう思ったことはありませんか。

恋愛や愛情問題に限らず、何か嫌なことがあったり、ツイていないと思うことがあると、因縁のせいにしがちですが、勝手な思い込みは禁物です。「黒猫が目の前を通ったから不吉」などと、〝思い込み〟にとらわれると、本当にネガティブ思考から抜け出せなくなり、良くないことを引き寄せてしまいます。

前世の〝因縁〟は、誰にでもあるもの。むしろ、なければ生まれてきません。トラウマや課題があるからこそ生まれてきたのです。そう理解し、乗り越える努力をすることが、今のあなたには必要です。

勝手な思い込みや迷信にとらわれるのもやめましょう。今の恋愛がうまくいかないことがあるとしても、それは、前世の呪いなどではありません。たましいの未熟な部分、あなたに欠けている部分を教えてくれているのだと謙虚に受け止めましょう。

14

過去の恋を忘れられない心

天のお告げ

今、お付き合いをしている人がいる場合も、シングルの人も、自らの「恋愛観」を一度、じっくりと見直しましょう。恋をするうえで一番大事にしていることは何でしょうか。分析するために過去の

星

昔の恋が忘れられず、「やり直せないか」と復縁を願ってしまう心。それは、心の動きとしてはよくわかります。すぐに忘れられないほど、人を愛せたことは素晴らしいことです。

ただ、厳しい言い方ですが、泣きたいだけ泣いたら、後は上手に思い出に変えなければいけません。いつまでも思い出に変えられないのは、あなたの執着心です。相手を想う愛（大我《たいが》）より、自身を愛する愛（小我《しょうが》）が勝《まさ》っているということなのです。

立ち上がって歩き出さなければ、人生の時間の無駄。この世に生まれてきたあなたの旅は、いつか終わります。ましてや、相手を憎んだりするのは、時間の無駄の最たるもの。憎むことで負のカルマを積みますし、そんな相手のためにあなたの貴重な人生の時間を費やすのは、ひとつもプラスになりません。

霊的世界に帰ってから、「あのとき、ああしておけば……」と悔やまないよう、せっかく生まれてきた命を無駄にしないでください。違う可能性を探って歩き出したほうが、人生は何倍にも輝きます。

恋愛を振り返って、忘れられないことがないか見つめてみましょう。すると、どこかに共通項があるとわかったり、自分の好みが見えてきたり、未熟さが浮き彫りになっていくでしょう。

　大事なのは、苦い思いをしたことも含めて振り返ること。楽しかったこともつらかったことも、すべての経験が今につながっているのですから、嫌なことからも決して目を背けないようにしましょう。


今のあなたは星か月、どちらに心惹かれますか？

月 or 星

月

過去の恋を忘れられないのは、実は、恋愛そのものに後ろ向きな気持ちが強いからではありませんか？

　前世で女性に生まれていて、そのときに、「男の理不尽さ」に接することが多く、嫌な思いを味わった可能性があります。または、前世で父親に恵まれず、生き別れたりして、疎遠だったケースも考えられます。そのため、今生でも、男性に対して苦手意識を抱きやすい傾向があります。あなたが女性なら、恋愛中に「男の人ってズルイな」と嫌気がさすことがあったり、男性不信に陥るような出来事を引き寄せがちです。

　前世で味わった苦しさを、どうして再び味わうのかとあなたは思うかもしれませんが、なにも、たましいは再び同じように嫌な思いを味わいたいとは望んでいません。今度こそは克服し、愛する喜び、愛される喜びを知りたいと望んだから生まれてきたのだということを、いまいちど胸に刻みましょう。

　過去のマイナスを、今生でプラスに変えたい。そう望んできたのは、あなたです。

15 相手を思いやって動けない心

天のお告げ

相手のことを考えて行動できるか。それは、人を愛するうえで最も大きな鍵を握っています。本当の意味で人を愛することのできる人は、常に相手の立場に立って物事を考えることができる人です。

星

恋愛も仕事も人間関係も、何もかもすべてうまくいかないと嘆いてしまう。そういう人に共通していることがあります。それは、言動にどこか「自分勝手」なところがあるということ。端的に言えば、「思いやり」がないのです。

恋愛だけがうまくいっていて、仕事の人間関係がボロボロという人はまずいません。恋愛でも仕事でも、あらゆる対人関係の基本は、「いかに相手を思って動けるるか」に尽きるからです。

ところで、あなたは「このためになら頑張れる」と思えるものはありますか。そういう心の軸がないと、嫌なことがあるだけで、落ち込んでしまいがちです。本来、人は〝誰かのため〟に頑張ってこそ、力が湧いてくるもの。自分のためだけに生きると、一時楽しかったとしても、すぐに心が乾きます。心に愛の充電はできません。「他者を思いやる心」を育むためにも、まずはがむしゃらになれる何かを探し、そのために必死になってみましょう。すると、愛の本質に触れることができるはずです。

たとえば、あなたは人と話をするとき、相手にわかりやすいように伝えようと思って声を出していますか。蚊の鳴くような声で話していては、どんなに伝えたい気持ちがあっても、伝わらないという残念な結果になりかねません。

相手を思いやれず、自分のペースだけで事を運ぶと、人から愛されません。愛されたいなら、あなたから愛を与え、相手の立場を想って行動しましょう。それが、大我の愛につながります。

今のあなたは星か月、どちらに心惹かれますか？

月 or 星

月

前世では家族との縁が薄く、寂しい思いをしてきたからこそ、「今度は家族や周りの人たちに優しくしよう」という決意を持って生まれるたましいがあります。かと思うと、同じように寂しさを味わっていたたましいでも、その寂しさを紛らわせるかのように、他者にすぐ依存する癖になって表れる場合もあります。

このように、前世から引き継いだたましいの課題は、十人十色。けれど、共通しているのは、「人と関わりながら愛を学ぶ」という学びです。前世で孤独だった人も、愛に恵まれていた人も、今生には、人を「思いやりたい」「愛したい」と志してやってきています。

愛の絆を結びたくて生まれてきたのですから、喜怒哀楽さまざまな経験を積むことを恐れるのはやめましょう。人間関係はわずらわしさの連続で、言ってみれば、〝迷惑の掛け合い〟です。でも、失敗はありません。嫌なことがあったとしても、それは、たましいが磨かれる「感動」なのです。

16 愛におびえる心

天のお告げ

「人を愛する自信がない」と言う人がいます。特に、家族から愛を受けられなかった人は、愛し方がわからないと言ったりします。

けれど、そういう人もずっとひとりだったわけではありません。

星

愛が欲しいのに、望んでも得られない。いつも好きな人とはうまくいかない。「こんなに頑張っているのに……」と、不満が湧いたときに、見直してほしいことがあります。

それは、あなたが愛を求めるばかりになり、与えていなかったのではないかということ。

ここでいう愛は、どれだけ尽くしたかといった物質的な愛ではありません。本当に相手のことを想う愛というのは、目に見える物量ではかれません。

相手が本当に望んでいることは何かを想像して、そのために〝無私〟になれますか。愛を求めている人ほど、実は「くれ、くれ」と望むばかりで、自分から差し出していないことが多いのです。

今ある愛にも感謝しましょう。すでに得ている愛に鈍感になり、不感症になっていては、他の愛にも気づけません。「愛されていない」という寂しさがあると、つまらないことで人に反抗したくなったり、買い物依存、アルコール依存などに発展し、物で愛を補おうとしてしまいますから、注意が必要です。

たとえ、親子の縁が薄い人でも、親代わりの大人、教師、友達など周りの支えがあったからこそ生きてこられたのです。百歩譲って、そういう縁もなかった場合でも、守護霊という「たましいの親」が必ずいます。ひとりぼっちだったことは絶対にありません。
「愛されていない」と嘆き、寂しさを抱えるのは、それだけあなたが愛を欲している証。愛が見えず、愛におびえるときは、すでに持っている愛に目を向けましょう。

今のあなたは星か月、どちらに心惹かれますか？

月 or 星

月

誰かに愛されているときでさえ、「この人が、いつかいなくなってしまうのではないか」と、漠然とした不安に駆られませんか？

実はあなたの前世の中に、とても大事にしていた人に裏切られたという経験があります。そのため、今生で、惹かれる人に巡り会っても、深入りできず、二の足を踏んでしまいがちです。

前世での経験で、裏切られたり、否定されてきたたましいというのは、どうしても「愛を信じられない」という思考に陥りがちです。うまくいっていればいるほど、「何か裏があるんじゃないか」と疑いやすいでしょう。

しかし、前世で苦しい思いをたくさん味わったからこそ、今生では、〝違う役柄〟を演じたいと思っています。いつも同じ配役ではドラマが盛り上がらないのと同じで、あなたの今生という舞台も、いろんな役を経験できる醍醐味があります。不安になってオドオドするのではなく、自分から相手を愛する勇気を持ち、行動に移しましょう。

愛情

星月のしるし

「愛情」で取り上げた16項目で、
あなたは「星」と「月」のどちらに心惹かれましたか。
インスピレーションで先に選んだほうをチェックし、
合計を集計してください。

月	星	
☽	★	01
☽	★	02
☽	★	03
☽	★	04
☽	★	05
☽	★	06
☽	★	07
☽	★	08
☽	★	09
☽	★	10
☽	★	11
☽	★	12
☽	★	13
☽	★	14
☽	★	15
☽	★	16
		計

P150へ ←

生業

この世を生き抜くために「仕事」という学びがあります。どんな仕事があなたの特性を活かすのか、仕事でぶつかる問題をどう乗り越えればよいのか。それを示すのが「生業《なりわい》」の神示です。

01 コミュニケーションを苦手に思う心

天のお告げ

「あの人は場の空気が読めない」などと言われ、気に病むことはありませんか。自分では一生懸命打ち解けようと頑張っているのに、なぜだかいつも空回り。調子っぱずれなことばかりして、周りとの

星

周りとテンポが違い、うまくコミュニケーションが取れないときは、「物の言い方」に気をつけましょう。言い方ひとつ変えるだけで、人間関係を良い方向に変えていくこともできるのです。

たとえば、自分が手一杯のときに「急ぎの用事」を頼まれたら、あなたならどうしますか？　不本意ながら受けて、後から愚痴っていませんか。こういうときは頼んできた相手に「お急ぎですか？」とか「今の仕事が終わってからでもいいですか？」と聞いて、優先順位を確認してから動けばいいのです。

言葉でフォローするときは、快活な声で話すのがポイント。また、笑顔も忘れないようにしましょう。少しの工夫で明るいオーラが満ち、相手にも好印象を残します。居酒屋さんなどで「はい！　喜んで！」などと、威勢のいい返事が返ってくることがありますが、接客業やサービス業に限らず、元気な声でコミュニケーションを取ることは、大事です。

明るさは、幸せを招くもとなのです。

間に溝ができてしまう……。

　こういう場合、たいてい、変な気の遣い方をしていることが多いもの。全員に好かれようと努力しているのかもしれませんが、度が過ぎると結局、「〝風見鶏〟でいつも周りの顔色ばかりうかがっている人」になってしまいます。気を遣いすぎるのは、どこかで「皆にいい人と思われたい」と思っている証。それは、相手ではなく自分に一番関心がある状態です。だから、周りとうまくいかないのです。


今のあなたは星か月、どちらに心惹かれますか？

月 or **星**

月

周りとコミュニケーションが取れず、疎外感を覚えるとき、実は相手から「いい子ぶっている」などと思われていることがあります。どこかで〝天狗〟になっていると、その鼻をへし折られる出来事を招くのです。

　仕事はもちろんのこと、人と向き合うときは決して驕《おご》らず、謙虚な姿勢を貫くよう心がけましょう。そうすれば、人間関係の衝突を未然に防げます。

　また、コミュニケーションを取るのが苦手な反動で、八方美人になりがちなところも……。特に、前世で「人に嫌われたくない」と強烈に感じる経験をしていると、「いい人仮面」をかぶってしまいます。でも、万人にいい顔をしようとするのも小我《しょうが》です。

　もし、気が乗らない誘いを受けたときは、仕事ではないなら、「習い事を始めたので……」などと上手に方便を使って断るほうがお互いのため。謙虚な心を大切にしつつも、流されない〝自律心〟も必要なのです。角が立つと思うなら、3回に1回は参加するなど、自分を律して付き合いましょう。

02
働く意味が見えない心

天のお告げ

やる気が出なくて空回り……。そんな悪循環に陥ったならば、そもそも「仕事」とは何かを見つめ直す必要があります。

生業という言葉にある通り、生きていくため、食べていくために

星

仕事でうまくいかないことがあると、すぐに他者のせいにしていませんか。「この部署には頼りになる人がいない」とか、「尊敬できる先輩がいないからやる気が出ない」と愚痴っていませんか。

そうした責任転嫁は、ただ問題をすり替えているだけ。そもそも仕事に対して「甘え」の感情があります。お手本になる先輩や指導してくれる人がいなかったら、満足に仕事ができない。そう思うなら、その発想自体、プロの考えではありません。

もし、見習いたいと思う人が職場の中にいないというなら、映画などの物語の中でもいいのです。想像力を広げて学ぶ〝柔軟な心〟を自ら育《はぐく》みましょう。

反対に、あなたの仕事ぶりが周りから尊敬され、お手本とされるくらい充実させようと、なぜ思わないのでしょうか。最初から不満の数を数えてしまう人は、仕事に限らず、幸せになるのが下手な人。まず、今ある幸いに目を向け、感謝することが、仕事を充実させるためにも欠かせません。

するのが仕事です。この考え方が逆転して、仕事のために生きるから、つらくなってしまうのです。

　仕事のために生きてしまうと、業務で失敗したり、人間関係がうまくいかないと、それだけで生きている意味さえも見失い、希望を失くします。

　軸にあるのは、仕事ではなく、「あなた」。やる気が出ないと思うなら、食べていくためのお金を得るためと割り切りましょう。すると、不満より感謝が湧きます。


今のあなたは星か月、どちらに心惹かれますか？

月 or 星

月

仕事にやりがいが見出せないだけではなく、仕事を通してお金を得ることに対しても関心が湧かない場合は、前世にある傾向が見えます。

　仕事をしていないほどの年齢、つまり、かなり幼くして人生を終えたか、仕事をしないでいいほど、物質的に恵まれた豊かな前世を送った可能性が高いのです。

　いずれの場合も、働いていないため、現世に来てからも、いまひとつ仕事をする感覚がつかみづらいところがあるようです。

　もちろん、本人としては頑張っているのですが、その気持ちが周りに伝わりづらく、「熱意がない」と誤解されることも……。

　仕事の対価としてお金を得ることができるのは、現世だからこその醍醐味です。ですから、お金に対しても無関心にならず、「お金はたましいを磨く教材」ととらえてみましょう。それだけでも働くこと自体に関心が増し、やる気が湧くきっかけとなるでしょう。

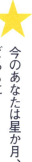

03

不満ばかり湧いてくる心

天のお告げ

仕事に対する不満が湧いてくるなら、まず、あなたはその不満を口にできるくらい、きちんと働いているのかを振り返る必要があります。いただいているお給料や報酬に見合うだけの仕事をしている

星

不満ばかり言っていると、あなたのオーラがどんどんくすんでいってしまいます。すると、ますます悪循環に陥ってしまうのです。

不満の理由はいろいろでしょうが、そういう人に限って、実は自身の仕事に関わる物事を大事にできていなかったりします。

たとえば、仕事で使っている机、制服がある場合はその服をきちんと手入れしていますか？　あなたが仕事に関わるものを大事にしていないなら、仕事からも大事にされないのは道理。心をこめて真摯に向き合うから、良きエナジーが返ってきます。

また、ひとつの工夫として試すといいのは、仕事で嫌な思いをしたときの服の扱い方に心を配ること。嫌なことがあったときのエナジーが服に染み込んでいますから、洗濯して、太陽の光に当てて干しましょう。すると、〝負のエナジーのクリーニング〟にもなります。

自分自身のオーラをきれいにするのも、仕事のうちだと思いましょう。

か。自分の持っている力を惜しみなく提供しているのかを見つめるのです。たとえば、この一ヵ月で取り組んだ仕事内容を具体的に書き出してみて、目標があればそれを達成できたか、努力できたか、客観的に分析してみましょう。

　そのうえでもし、きちんと貢献できていると思うなら、待遇についてしかるべき相談をして、向上のためにさらなる実践をすればよいのです。愚痴を言ってばかりの人は、たいてい口先だけです。


今のあなたは星か月、どちらに心惹かれますか？

月 or 星

月

自分では精一杯頑張っているのに、周りからは評価されないとか、仕事にやりがいを感じないなど、不満が湧いているなら、「その悩み自体が幸せ」という視点で見てみましょう。

　前世においては、自分で自由に仕事を選んだりできなかったでしょう。食べていくために働くことが主体で、そこに「自分の評価」を求める余裕などなかったはずです。もっと言えば、報酬を得られなかったことのほうが多かったでしょう。

　苦しみのさなかにあると、なかなかそんなふうには思えないかもしれませんが、あなたは幸せです。前世と違い、「選ぶ自由」があり、「働ける幸い」があることに感謝しましょう。そして、前世で味わえなかった経験を、今こうして積むことができている幸せをもっと実感しましょう。

　ひとつでも多くの道を切り拓《ひら》くことこそが、たましいの喜び。不満を抱けることさえも、あなたにとっては大きな感動なのです。せっかくの人生ですから、喜怒哀楽さまざまな経験を積みましょう。

04 理不尽だと感じる心

天のお告げ

「あの人は楽をしているのに、評判が良くてズルい」。仕事以外にも言えることですが、理不尽だと感じると、嫉妬心が湧き上がってくるかもしれません。そういうふうに感じたときはまず、「他人と

星

どうしてあんな理不尽な上司に合わせなきゃいけないんだろう……などと、仕事に関することや人間関係に不満が湧くとき、実はあなたは、先に「負」を積んでいます。

ここで言う「負」というのは、前もって積んでおく苦《にが》い経験や自分の努力のこと。これは言わば、積み立て貯金のようなもので、先に蓄えておくことで、次のステップで大きく飛躍することができるのです。先に積んだ負がバネとなり、後に、正（良きこと）が返ってきます。「理不尽だ」と感じることがあっても嘆かず、先に負を積んでいると思ってください。

一方で、過去を振り返り、誰かに助けられたとき、自分はきちんと感謝できていたかを見直しましょう。周りに手を貸してもらっていたのに、それを忘れ、傲慢になっていませんでしたか？

うまくいかないことが起きるときは、「過去を見直すべし」という戒めととらえましょう。嫌な出来事の一面だけを見ず、「人の振り見て我が振り直せ」と謙虚に反省することが大切です。

比べていては幸せにはなれない」という極意に気づきましょう。

特定の人がひいきされていると思えるときも、心を曇らせないことが大事。そういう人は、実は周りには見えないところで必死に努力をしているかもしれないのです。人に愛され、重用されるに値するだけの働きをしている可能性もあります。

目に見える一面だけで人を判断せず、もっと深い想像力を持ちましょう。

今のあなたは星か月、どちらに心惹かれますか？

月 or 星

月

前世までの経験で、「人生いいことばかりではなく、山もあれば谷もある」ということを嫌というほど知っている場合、今生《こんじょう》で〝いい波〟に乗っていても、驕《おご》ったりしません。

逆に、理不尽さを味わったり、試練が来たときにも、「未来のためにコツコツと蓄えておく時期だ」と自然と受け入れ、努力を怠らないでしょう。

負の経験をすることは無駄ではない。むしろ、たましいを磨くうえでは欠かせない経験。そう理解することは、みなに共通する〝今生での学び〟です。

大事なのは、〝対処法〟です。周囲でトラブルが発生したとき、「どうして私がこんなことに巻き込まれなきゃいけないの」と理不尽さを嘆いたり、被害者意識を抱いていませんか？　そういうときは傍観せず、「何か手伝おうか？」と手を差し伸べる愛が必要です。ちょっとした差し入れでもして、煮詰まった空気を変えるのもいいでしょう。少し視点を変えて行動するだけで、周りの波長は変わります。そうすると、負の意識も消えるものです。

05
周りのことに振り回される心

天のお告げ

相手に同調しやすくなっているときは、「自分の波長」を見直す必要があります。

たとえば、周りがピリピリしているとき、その場にいる人の波長ももれなく低いでしょう。「類は

星

あまりにも自分を押し殺していると、疲れるのは紛れもなく、あなたです。たとえどんなに嫌な人や気難しい人を相手にしているときでも、振り回されないでいられる極意があります。それは、相手の中にある〝良い波長の部分〟を引き出すこと。どんな人でも、ごくわずかであっても〝愛すべきところ〟はあるものです。

また、子育てと同じで「褒めて育てる」方法もあります。相手がコンプレックスに思っている部分をうまくくすぐり、「さすが！　すごいですね！」などと褒めるのも、相手の良いところを引き出す秘訣。ただの〝嫌な人〟〝気難しい人〟ではなくすることは、工夫ひとつでいくらでもできるのです。

これまでの「振り回されやすかった自分」を断ち切るために、聖地で心を落ち着けるのもいいでしょう。なかでも、高千穂神社（宮崎県）にお参りするのがおすすめ。天孫降臨《てんそんこうりん》の神話の地とも言われる高千穂は、「新たな始まり」に訪れるには、最適です。心を理性的に生まれ変わらせましょう。

友を呼ぶ」という意味の「波長の法則」が働いているからです。けれどそこにもし、「人を笑わせる達人」が現れたらどうなるでしょう？　冗談のひとつでも言って場を和ませ、あっという間に状況が好転するかもしれません。

　要するに、みんなの波長を良いほうに引き上げ、雰囲気を変えられるくらいあなたの波長を高くすることが大事ということ。そうすれば、どんな人が来ようと、振り回されずにいられるのです。

今のあなたは星か月、どちらに心惹かれますか？

月 or **星**

月

前世の経験の中で、他人に同情して逆に足をすくわれたり、失敗したことがあるようです。身近な人に裏切られるなど、思わぬところでつまずいた可能性もあります。

　前世では、自分のことよりも他人のことを第一に考え、自己犠牲をいとわない生き方をしていたのでしょう。そんな前世から引き継いだ個性として、あなたにも人一倍強い同情心があります。ただ、今生では、クールさも必要です。良い意味で、振り回されずに「マイペース」に生きることが求められる時代なのです。世間には玉石混淆《ぎょくせきこんこう》の情報が飛び交っていますし、選択肢が多い分、いろんな迷いも出るでしょう。それらを理性で見極め、取捨選択しなければなりません。地に足をつけるためにも、機会があれば大宮（埼玉県）の氷川神社を参拝するのもおすすめ。ご祭神の中にはスサノオノミコトが祀られていますが、私の霊眼には龍神の姿も視《み》え、比類ない〝強いエナジー〟を感じました。理性的に生きるための腹くくりをするにふさわしい聖地です。

06 やる気を失ってしまう心

天のお告げ

人を相手にするという意味では、どんな仕事もサービス業のようなもの。ですから、関わる相手とどうやって円滑な関係を構築していくかを問われる場面がたくさんあるはずです。

星

好きで始めた仕事なのに、いつの間にか意欲が薄れて、こなすことで精一杯になっていたり、人間関係に疲れて、もう頑張れないと思うことがあったときは、すぐに状況を改善しようと焦らないようにすることが大切です。

そもそも、仕事とは食べていくためにするものであって、仕事のためだけにあなたの人生があるわけではありません。仕事がうまくいかないからといって、すべてを否定することはありませんし、投げやりになることもないのです。

やる気が薄れているときでも、目の前に仕事があり、やらなければならないことが山積みなら、それに黙々と向き合って、「無私」の状態になるのが一番です。

そう簡単に気持ちを切り替えられないという人でも、とにかく、やり続けること。逃げたいと思っている間は、やめどきではありません。あなたが心底その仕事に感謝でき、最善を尽くすまでは、卒業のタイミングではないのです。

そこで、いつも素のままの自分でぶつかっている人は、周りからちょっと厳しく注意されただけでも、自分を全否定されたように感じて、やる気を喪失してしまいます。一方、そうした局面を乗り越えられる人は、ある程度「鎧《よろい》」をつけて、防御しているものなのです。ここはこう振る舞ったほうがいい、あの人にはこういうふうに合わせようなどと、状況を見極めたうえで、臨機応変に演じ分けるのは、仕事を円滑に進める工夫です。

今のあなたは星か月、どちらに心惹かれますか?

月 or 星

月

やる気を失ってしまうようなトラブルが起きたとき、その原因がどこにあるかを分析しましょう。原因が「人間関係」にある場合、なあなあですませて流そうとしても、結局また同じようなことが起きます。〝まいた種は自ら刈り取る〟という「カルマの法則」が働くため、乗り越えていない負のカルマは、何度でもやってきます。出会う人は、いいも悪いもみなあなたの鏡。映し出しですから、どんなに嫌でも避けては通れません。

こうした葛藤を味わうことが多いたましいは、前世において、上下関係や戒律の厳しい世界にいた可能性が高いでしょう。そこでの経験がたましいに刻まれているため、縛りの多い仕事や組織に苦手意識を抱きがちです。前世でほとほと嫌な思いを味わっていたため、今生で窮屈な環境に身を置くと、逃げ出したくなります。ただ、その場にいるのも、必然。「郷に入れば郷に従え」と腹をくくり、今度こそ、その厳しい環境の中から学びを得ましょう。乗り越えてこそ、カルマを解消できるのです。

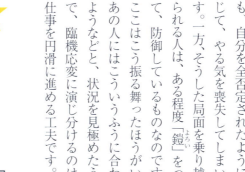

07 小さなミスを繰り返す心

天のお告げ

なぜか失敗が続く。そういうときはあなたの中に、慣れからくる気の緩みがあるのです。

ミスをしたときは、その後の対処が問題です。もちろん、周りに迷惑をかけたなら、そのことを誠

星

机やパソコンの周辺は、どの程度整理できていますか？

乱雑に物が散らかっているなら、要注意です。身の周りの状態には、あなた自身が表れているからです。

片付けられない人は、頭の中も同じように散らかっていて、物事を整理して考えることができません。

また、机など、目につくところはきれいに保っているけれど、ひきだしを開けてみたら、ぐちゃぐちゃという場合は、さらに問題。一見ちゃんとできているようでいて、細部に神経が行き届いていないため、驚くようなミスをすることも……。あるいは、無意識に自分のしたミスを隠そうとしがちです。

掃除や整理整頓は、日頃の積み重ねこそが大事です。「今は忙しいから、後でやろう」と先延ばしにしたり、大掃除の時期にまとめてやろうと考えるのは横着です。その横着な思考は、また違うミスを誘ってしまいかねません。自分の心と頭の中を整理するためにも、日頃からきちんと隅々まで徹底して掃除する習慣をつけましょう。

心誠意謝ることが必要でしょう。

　しかしながら、いつまでも謝罪しているだけなのも問題。改善策を練らなかったり、感情的になってアタフタしているだけなのは、甘えがある証拠。失敗をした自分のことばかりを考えていて、周りがまったく見えていません。

　ミスをしたときほど、冷静になること。泣いている場合ではないのです。どうすれば状況を改善できるのか、理性的に考え、切り替えることが必要です。


今のあなたは星か月、どちらに心惹かれますか？

月 or 星

月

　やたらと物を溜め込んで片付かない場合は、捨てられない理由を考えましょう。捨てることに抵抗がある人は、前世までの経験の中で、「捨てられた痛み」を知っています。「物」に限らず、人に裏切られたり、愛する人に捨てられた苦い経験があって、その反動で、自分は捨てないでいようと潜在的に思っているのです。

　本当に欲しいのは〝人との触れ合いや愛情〟なのに、物で補おうとしている状態にあります。この場合、寂しさやトラウマに目を向けるのが先決です。

　また、前世では誰かが常にお世話をしてくれる立場にあった場合や、ごくまれに、今回初めて〝人〟として生まれて経験を積んでいる場合も。その場合、自分で片付けるのが苦手な傾向が、強く表れます。

　ですが、いずれの場合も、目の前の物の片付けをすることが急務です。それが心の片付けにもなり、感情的になった頭の整理にもつながるからです。ただ右から左に物を移動するのは、片付けにあらず。きちんと整理することが大切です。

08 忙しさに流される心

天のお告げ

仕事の忙しさが増し、いつも以上に落ち着かないと思うことが多いかもしれません。それなのに突然予定が変わったりして、臨機応変に対応することが求められる場面も……。

星

忙しいときは、あなたの周りもピリピリしがちでしょう。ですが、そこであなたがさりげない気配りを見せると、あなたのその思いやりや優しさが、周りの人を和ませます。

押しつけがましくない気配りは周りから見てもとてもさわやかで、「できる人」という評価が増すでしょう。忙しいときに、どう対処するかは重要で、そこで認められれば、この先もっと責任ある役目を担う機会が訪れることもあります。

思いやりという種をまくと、そこには「調和」という花が咲きます。調和は、仕事を円滑に進めるうえで欠かせません。どんな難局であれ、周りと助け合っていけば、知恵も思い浮かぶものです。喜びは倍に膨らみ、苦しみは分け合えば分け合った分、少なくなるものです。

忙しさに流されないように、心の余裕を失わない努力も必要です。あまりにもすさんだ環境にあるのなら、花の一輪でも飾ってみましょう。創意工夫で、場を和ませ、職場を楽しくすることはできます。

そういう余裕のないときこそ、正念場です。あなたの対応いかんで、評価も大きく変わります。

　つい深刻になり、眉間にしわが寄りがちなときも、あえて明るく振る舞ってみましょう。最初は意図的にでも笑顔を作ると、その明るさが救いになり、周りの人たちとのコミュニケーションもスムーズに取れるようになります。大変なとき、忙しいときほど笑顔を心がける。そういう逆転の発想を大事にしましょう。


今のあなたは星か月、どちらに心惹かれますか？

月 or 星

月

あなたは仕事について考えると、心が落ち着かなくなるかもしれません。「どう頑張っても幸せを得られない」「日々苦しみばかり」などと否定的な感情が強く湧いたり、実際、過酷な状況に置かれていることもあるでしょう。

　仕事に対して否定的な感情が強いのは、実はその前世において、自分だけが我慢を強いられる環境にいたから。苦い思い出があるため、今生でも同じような場面に遭遇すると、心が折れそうになるのです。けれど、どんなに嫌な思いをしても、「仕事に我慢はつきもの」と学ぶための大事なメッセージです。意味ある苦労だと受け止めましょう。逃げずに向き合うことが、今生のあなたの課題です。

　そして、少しだけ考え方を変えてみてください。忙しくても、「働ける幸い」が今のあなたにはあるのです。前世の過酷さとは比べられないほど、実は十分幸せだとも言えます。やるだけの努力はして、それでも「向かない」と思うなら、転職もできる。職業を選ぶ自由を今のあなたは持っているのです。

09 今の立場に疑問を抱く心

天のお告げ

思うように能力が評価されなかったり、リストラされるかも……と恐れ、「もっと自分の力を伸ばさなければ」と焦る気持ちが湧くこともあるでしょう。

資格を取ろうと急に思い立った

星

あなたは、「将来の自分」について、じっくりと考えたことはあるでしょうか？　仕事に就いているなら、その仕事を今後も続けるのか、あるいはキャリアアップを考えて、転職するのかなど、想像してみたことはありますか？

あなたにとって、まさに今、「人生のビジョンを描くことが先決」と言えるときです。資格取得にふと興味が湧いたりするかもしれませんが、それも、実は、「自分の今の実力」に自信がないと感じているから。実力勝負の世界を生き抜くために、拠り所になるものを身につけ、安心したいのでしょう。

資格が身を助けることも、もちろんあります。ですが、その前に、「働く意欲」がなければ、何を持っていても宝の持ち腐れになってしまいます。趣味として資格を取るなら好きに選んでも構いませんが、仕事に活かすことを最優先に考えるなら、感情ではなく理性で、何が役立つか、現実的に考えること。一時の「マイブーム」で選ぶのではなく、冷静に吟味しましょう。

り、ふと「このままで大丈夫かな」と思ったときは、一度立ち止まって、「仕事」や「適性」について考えてみるタイミングです。

　仕事に就いていない場合も、「将来の自分」についての見通しが立たず、ビジョンが曖昧で、「やっていけるだろうか」という不安が強くなっているなら、何か自分を守る後ろ盾を身につけるといいでしょう。将来性なども入念にリサーチしたうえで、資格取得の勉強を始めるのもおすすめです。

今のあなたは星か月、どちらに心惹かれますか？

月 or 星

月

前世においては、生業の多くは世襲であったり、その地域に根差した産業に従事するケースが主だったでしょう。個人が好き勝手に職業を選んだり決めたりすることは、ほぼなかったと言えます。どの時代、どの国に生まれていてもその傾向はありますが、加えて、前世で女性に生まれていた場合は、さらに顕著です。

　そのため、前世が女性で、今生も女性に生まれている人の場合は、特に、職業を選ぶ時期に来ると、なぜか「自分に何が合っているのかわからない」という思いが湧きやすくなります。働いている姿がイメージできず、「仕事をしたくない」と思うことも。

　しかし、これも前世の名残。職業を選ぶという経験自体が初めてなので、気持ちが定まらないだけです。ですから、「働く意欲が湧かない」と感じても、自分を責めないでください。

　意欲を奮い立たせるために、現実的に即戦力として使える勉強をしたり、技術を身につけるのも、自分に自信をつける足掛かりとなります。

10 仕事を替えたいと思う心

天のお告げ

「仕事を替えたい」と感じることがやたらと多くなった。そんなときは、すぐに転職活動を始めず、自分の心を見つめてください。

飽きてきたとか、ストレスフルな職場に限界を感じているなど、

星

「転職」について考えるときというのは、「今、あなたの人生について一度立ち止まって考えましょう」という神示がもたらされているときです。生活を立て直して自立していかねばならないときにきています。

ただ、現実は厳しいので、つい逃避してしまいがち。たとえば、買い物途中に立ち寄ったカフェが素敵で、「私もこういうところで働きたい」などとすぐ感化されることも。憧れとして空想する分には自由に楽しめばいいでしょう。ただ、現実から逃げたいあまり、今の仕事から大きくかけ離れた世界に、何の準備もせず飛び込もうと考えるのは、早計です。

疲れているときほど、そういうふうに「自分の器」とは違うフィールドが輝いて見えるもので、「そこに行けばきっと変われるはず」と妄想を膨らませてしまいがちです。

やたらと現実感のない願望が芽生え、妄想してしまうときは、大きな決断をするのは待ち、まず地に足をつけて、今の自分を見つめ直すことが先決です。

動機はさまざまかもしれませんが、急いで転職したからといって、仕事に対するモチベーションが上がる保証はありません。

　どこに行っても、結局、あなたの気持ち次第。ですから、まず、現状の厳しさから目をそらすために「転職したら楽になるはず」と妄想しているだけか、あるいはもっと現実的に自分の将来のために動きたいと考えているのか、内観を。感情は交えず、理性で淡々と分析することが必要です。


今のあなたは星か月、どちらに心惹かれますか？

月 or 星

月

転職を具体的に考えるときだけでなく、普段普通に仕事をしているときでも、他業種への憧れが強く、「もし、〇〇で働いていたら、私、すごいキャリアが積めるかも」などと、やたらと夢見がちになる場合、そこには、前世の影響があります。なりたい職業のイメージがしょっちゅう変わる傾向がある人も同様です。

「あれもこれもやってみたい」と貪欲になる人というのは、その前世で早死にしていた可能性が。幼くして亡くなったため、働いた経験がありません。この前世を持っていると、実年齢が何歳であれ、精神的に幼く、子どもっぽい反応を返してしまいます。

　働いてお金を得ることも初めてなので、使い方もよくわからず、パッと一気に使ってしまい、生活に困窮してしまうことも。ですが、そうした精神的な幼さから脱却していくことこそが、今生での学び。

　仕事をすれば当然、嫌な現実を見ることも多々あるでしょうが、逃げるのではなく、「生まれてきたからこそ味わえる〝喜び〟」と受け止めましょう。

11
注意力が散漫になる心

天のお告げ

身の周りの小さいものから、仕事に使う大事なものまで、うっかり失くしてしまうことが多いときは、そのほかのことにも注意が必要です。意識が散漫になっていて、まさに「心ここにあらず」の状態

星

あなたにもたらされている神示は、「最近の自分を見直してみましょう」というメッセージです。うっかりミスが多かったり、失くしたものが出てこず、対応に追われることが続くなら、落ち着きを取り戻すことが最優先事項です。時間に追われ、気持ちばかりが焦ると、さらに、あなたらしくないミスが増える可能性が……。

こういうときは、実は「怠惰」になっている証なのです。前もって丁寧に確認したり、準備するという手間を惜しみ、ルーティンの感覚で適当にこなすようになってくると、いつもやっているようなことでさえ、ミスしてしまいます。

これは、あなたへの警告。「気もそぞろになっているから、もっと全方位に意識を向けて、集中するように」と言われていると、とらえましょう。意識を変えれば、身の周りのものひとつに対しても今以上に大切に扱えるようになるでしょう。

物を大事にする人は、実は同じように、人からも大事にされます。

だからです。こういうときは、仕事でミスをしたり、人間関係のトラブルなどが雪崩のように起きる可能性が高いでしょう。

そればかりか、ケガや事故など、思わぬトラブルを誘発してしまうことも……。実はスピリチュアルに見れば、「風邪は万病のもと」ならぬ、「〝失せもの〟は万病のもと」とも言えるのです。

失くしものをしがちな自分に気づいたら、心だけではなく、体の〝健康チェック〟もしましょう。

今のあなたは星か月、どちらに心惹かれますか？

月 or 星

月

月に心惹かれたあなたは、前世でさまざまな悔やみを残したまま、この世を去ったのでしょう。そのため、再び生まれてきた今、「今度こそは後悔のない人生を送りたい！」と望んでいます。

しかし、あなたは自分がそうした意気込みを抱いて生まれてきたこと自体を忘れてしまっています。もちろん、覚えていたら、結末を知って演じる〝大根役者〟になってしまいますから、それはそれでいいのですが、「生まれてこようと決めたとき」の心意気を想像してみることは大切です。

今のあなたは日々の忙しさに追われ、「生まれてきた意味」など考えていないのではありませんか？

今は、前世とは違い、仕事も自由に選べる時代です。自由がある以上、その分責任も伴いますが、そういう時代をあえて望んで生まれてきたのは、あなた自身だと思い起こすことが必要です。生きていることへの感謝も生まれ、「今やるべきこと」も見えてくるでしょう。

12 経済的な不安を感じる心

天のお告げ

仕事や生活について悩むことが増えたときは、たとえこれまではどうにかやってこられたという場合でも、楽観視してはいけません。
取り巻く経済情勢がさらに厳しくなり、生活に対する不安が増す

星

あなたは、一生懸命働いて得たお金を湯水のように使っていませんか。ストレス発散のために散財してしまうなら、あなたに一番欠けているものは、「愛」なのです。心が満たされていないから、その空虚感を埋めるために、物を山のように買ってしまうのでしょう。もし、心が愛に満ちていたら、必要な分だけを適正に使うことができるようになるのです。

一方、その反対で、「物をひとつも捨てられない」という気分になってしまうときも要注意です。すでにある物への執着が増すのもまた、愛が足りていないからなのです。失うのが怖くて、どんどん溜め込んでしまうため、部屋の中や職場のデスク周りなども乱雑になっていきがちです。

愛を補うには、まず、感謝の心を持つことが大事。働けること、そしてお金をいただいていることに、「ありがとう」という気持ちを持っているか、自分自身を見つめ直しましょう。感謝の数を数えることで、ネガティブな気持ちを祓《はら》えます。

ことも十分に考えられます。

まず、無計画にお金を使っていないかの見直しを。「お金がない」と不満を漏らす人ほど、意外なところで無駄遣いしています。

心配ならば、自分の足元を見つめましょう。日々切り詰めている人ほど、仕事などのストレスが限界に達すると、急にタガが外れ、よく考えずに大きな買い物をする可能性があります。無計画にお金を使っていると、今後、本当に困る事態になりかねません。


今のあなたは星か月、どちらに心惹かれますか？

星 or 月

月

あなたは、前世で「お金の苦労が少ない環境」に生きていたことがあったのでしょう。多くの場合、たましいは再生を繰り返していますから、現世に再びやってくるまでの間に、さまざまな時代や環境を経験しています。

その中でも、今のあなたのお金に関する価値観に大きく影響を与えているのは、比較的に恵まれた暮らしをしていたときのことだと言えそうです。

また、前世で宵越しの金を持たないような暮らしをしていた場合には、今、何かお金の問題があっても、「まあ、なるようになるさ」と楽観的にとらえる傾向があります。こうした前世の影響がある人は、お金は、汗水流して地道に働いた「対価」として得るものだと学ぶ必要があります。

仕事で嫌なことがあるのも、お金の苦労をするのも、ある意味で、学びのためのカリキュラムです。どれも、物質界である現世だから味わえる醍醐味だととらえましょう。厳しい状況になったときは、感謝の心を思い出すことで乗り切れます。

13
勝負の前に落ち着かない心

天のお告げ

仕事で、実力や勝負強さが問われる場面がめぐってきたとき、これまで努力してきた人は一定の成果が出るので、周りからの評価も上昇するでしょう。逆に、怠けていた人は、試練を通して未熟さを

星

あなたは、勝負強さを試されているときでも、取り組む前から「どうせ私は負ける」とあきらめムードが濃厚になりがちです。

確かに、これまでは、仕事面でも「どんなに頑張っても報われない」と思うことが多かったかもしれません。一度ネガティブな思い込みにとらわれると、その負の波動でがんじがらめになりやすいため、たとえ抜擢されても、「私には無理です」とあっさり断ってしまったかもしれません。でも、与えられたことを引き受け、乗り越えてこそ、新しい世界が拓けるのです。

たましいは、「何事にも積極的に関わっていきたい」と願っています。その意欲に応えるためにも、もっと自らの内に力を湧かせることが大切です。強いエナジーに触れるため、「弁才天」を祀るところを探して詣でるのも一案。神仏習合《しんぶつしゅうごう》により、弁才天と同一視された神様・イチキシマヒメノミコトが祀られている神社（福岡県・宗像《むなかた》大社など）に、機会を見つけて訪れるのもおすすめです。

見つめざるを得なくなります。

　努力してきた人でも、「ここぞ」という場面で力をいかんなく発揮するにはコツがあります。日頃から想う力（念力）を強く持つことです。具体的なビジョンを描いて努力すると、念力が強まり、その時どきに応じた協力者や好機を引き寄せることができます。

　あなたの身の周りに起きることや表れる結果を見てください。そうすると、あなたの念力の強弱が、はっきりとわかるでしょう。


今のあなたは星か月、どちらに心惹かれますか？

月 or 星

月

月に心惹かれたあなたは、「自分には力がない」と過小評価する気質を前世から持ってきています。実は今生では、その〝自信のなさ〟と向き合うのが課題なのです。自分では精一杯努力もしているのに、タイミングを逃しやすく、いつもハズレくじを引かされているように感じることはありませんか。

　でも、いつまでもそうやって下ばかり見ていても状況は変わりません。人生のシナリオは決まってはいませんから、「流れを変える！」という強い気持ちを持ちましょう。生まれた国や時代などは「宿命」として自ら決めてきましたが、その土台の上に、人生を築くのは「運命」。努力で変えられる部分です。そのチャレンジができるからこそ、あなたは生まれてきたのです。

　失敗も含めた人生経験を積むことを恐れないで。自分に負けないための〝心のお守り〟を持つべく、武運を司る神様・フツヌシノオオカミを祀る聖地（千葉県・香取《かとり》神宮など）に詣でるのもおすすめです。

14 自分に自信が持てない心

天のお告げ

やらなければならないことが目の前にいっぱいあるのに、思うように進まなくてイライラしてしまうことはありませんか？　しかも、そんなときに限って、周りの人は楽々とこなしているように思え、

星

能力に自信が持てないあなたは、まだ自分の適性に気づいていないだけです。誰にでも「守護霊」がいますが、その故郷《ふるさと》である「グループ・ソウル」には、いろんなことに長《た》けたたましいが存在しています。「〇〇がしたい」と本気で努力をし、それがあなたに適っているなら、守護霊が必要なサポートをしてくれるでしょう。

ただ、守護霊は願いを叶える魔法使いではありません。もし、うまくいかない場合は、努力の方向性が間違っているか、天から「それはあなたの道ではない」と示されているのだと受け止めましょう。

また、まだ社会に出ていない場合は、将来に対して自信が持てず、不安かもしれません。それは当然です。その不安を拭うためには、勉強だけではなく、いろんな経験を重ねましょう。嬉しいこともつらいことも、味わっていくことでたましいが磨かれ、どんなことにも対応できる力が身につくのです。なかなか計画通りにはいかないのが人生。機転を利かせる〝想像力〟と〝人間力〟を養うことが大切です。

劣等感を抱きがちです。「なぜこんなにもできないのだろうか」と悩み、要領が悪い自分に嫌気がさすこともあるでしょう。

自分の能力に自信を持てないときは、何をやってもうまくいかず、歯車が悪いほうにばかり回っているように感じられるもの。

けれど、その悪しき流れを断ち切るのは、ほかでもないあなた自身です。「なぜ人と比べて落ち込むむか」を見直さない限り、自信を取り戻すことはできないでしょう。

今のあなたは星か月、どちらに心惹かれますか？

月 or 星

月

「自分に自信が持てないことが続く」と感じる場合は、前世に目を向けることが現状の打開策となるでしょう。というのも、自信がないのは、それを「前世で経験していないから」だとも言えるからです。劣等感を抱く必要はありません。ある意味で〝楽観的〟にとらえ、新鮮な気持ちで一からの挑戦を楽しみましょう。失敗を恐れる必要もありません。転んだりつまずいたりしながら、経験を積んでいけばよいのです。

逆に、前世でなじんでいる事柄に関しては、あまり深く考えなくても簡単にこなせます。「やったことがないのに、なぜかすんなりうまくいった」というような経験は、前世に由来しています。ですから、今生でも「昔取った杵柄《きねづか》」で勝負する道もあります。

ただ、その前世を経て今、再び生まれてきたということは、「別の知らない世界を見てみたい」とたましいが望んだからです。「自信がない」と思うことに出合ったら、それは「新しいことを知るチャンス到来」と前向きに受け止め、挑みましょう。

15 目の前の変化に戸惑う心

天のお告げ

仕事において、取り巻く人間関係が様変わりすることはよくあること。人事異動のシーズンではなくても、お世話になった先輩が退職するとか、ようやく仕事を覚えて一人前になった後輩が転職する

星

頼りにしていた人がいなくなると、「これからどうしていけばいいのか」と不安が湧くでしょう。ですが、あなたを支えてくれていた人がいなくなる出来事は、あなたにとってマイナスではありません。

そこでようやく「ひとり立ち」することができるのです。実務面ではすでに十分仕事をこなせると自負していても、精神的にはまだ頼っていた。そういう段階から脱することができるチャンスなのです。

ちょうど、自転車の補助輪を外して走り出すときに似ています。最初はよろけたり、こけるでしょう。でも、気づいたら乗りこなせるようになっているもの。それと同じで、不安は最初だけです。自立することを通して、あなた自身、新たな発見をするでしょう。

また、あなたが「苦手」と感じていた人が異動したり、退職する場合も、前向きな変化の兆しです。あなたが己の未熟さを補い、成長して波長が高くなったから、変化が起きるのです。

など、変化はつきものです。

こうした「周囲の変化」が、まるで示し合わせたように連続して起きるとき、あなたの心の内をよく観察しましょう。そうした変化に対して、「悲しすぎる」「寂しすぎる」となるほど心が揺れ動くなら、問題です。

過度に感情的になってしまうのは、あなたがその人たちに依存していた証だからです。仕事に、「感情」は不要です。「理性」主体でいてこそ、いい働きができます。


今のあなたは星か月、どちらに心惹かれますか？

月 or 星

月

周りの人間関係が変わることにあなた自身がどう順応できるか。それを見ると、あなたの前世の傾向が見えてきます。

まず、なかなか新しい環境に順応できないという人は、その前世では〝変化の少ない環境〟にいたのでしょう。日が昇る前に起き、一日畑仕事をし、夜が来れば寝て、また朝になる……。そんなふうに毎日同じリズムで生きていた場合、突発的な事柄や急激な変化に対応するのが苦手です。

ただ、前世の時代背景を考えれば、多くの人がこうした毎日を淡々と送って一生を終えた可能性が高いでしょう。仕事や生き方、それこそ、恋愛や結婚のスタイルに至るまで、今ほど、自由に自分の意志で決められる時代ではなかったはずです。

だからこそ、今生には「もっとバラエティに富んだ生き方がしたい！」と志して来たのです。それを念頭に置けば、「変化を受け入れがたい」と言っていること自体、いかに贅沢な悩みかがわかるでしょう。ボヤボヤしている暇はありません。

16

苦手な人を避けたい心

天のお告げ

あなたは、たとえソリの合わない相手でも、考えていることを理解しようと努めていますか。

仕事を続ける以上、どんなに苦手な相手であっても、「嫌いだから」と避けて通ることはできませ

星

どうしても苦手な人がいる場合でも、仕事をするうえでは、報告・連絡・相談のいわゆる「ほう・れん・そう」は欠かせません。きちんと確認もせず、「思い込み」で仕事をしていたら、トラブルのもとです。

職場の人間関係で、関わるのが苦手な相手がいるなら、あなたと、きょうだいの関係を振り返ってください。きょうだいと比べられ、嫌な思いをした経験はありませんか。比べられてばかりいた人は、仕事においても無意識のうちに周りと比べ、苦手意識を持ったり、ネガティブ思考にハマりがちなのです。

ひとりっ子の場合は、「価値観の違う人たち」と関わることが苦手な傾向があります。自分で選んで仲良くなる〝友達〟とは違い、職場では価値観がまったく違う人とも付き合っていかなければなりません。ソリが合わなくても話を合わせ、コミュニケーションを取っていないと、仕事にならないからです。異なる感性や考えを持っていても、「仕事は仕事」と割り切り、理性的に向き合う学びがあります。

ん。そもそも、避けるという〝防御〟で接すると、かえって相手は面白がり、構いたくなるもの。

　その人に対して、「苦手だ」という自覚があるなら、なおのこと、相手のことをよく観察して、「何を言ったら喜ぶか」「何を言ったら怒るか」など、ポイントをつかむようにしましょう。

　見方を変えれば、苦手な人と関わり、葛藤しながら自分のたましいを磨け、そのうえに給料までいただけるのは、幸せなのです。


今のあなたは星か月、どちらに心惹かれますか？

月 or 星

月

あなたはその前世でも、人間関係に疲れてしまうような経験をしたのでしょう。特に、きょうだい仲が悪くてもめたなど、家族間に軋轢《あつれき》が生じていた可能性があります。それが原因で、家を離れた人もいるようです。

　または、前世の生業の中で、人に絡んだもめ事があった可能性も……。地位のある人に目をかけられたために、周りから妬まれ、嫌がらせを受け、相当苦悶した経験がありそうです。

　前世では人間関係のトラブルがあなたの足を引っ張ったようですが、今生でももめることがあったら、「今こそ、苦手意識を克服しましょう」と、前世から宿題を出されていると受け止めましょう。

　もしも、そう受け止められないほどに人間関係に疲れているなら、少しインターバルを置いて構いません。常にアクセル全開でいなければならないわけでもないのです。「いつも頑張っていなきゃ」と気を張っていると、余計に人と関わるのが嫌になってしまいます。

生業

星月のしるし

「生業」で取り上げた16項目で、
あなたは「星」と「月」のどちらに心惹かれましたか。
インスピレーションで先に選んだほうをチェックし、
合計を集計してください。

月	星	
☽	★	01
☽	★	02
☽	★	03
☽	★	04
☽	★	05
☽	★	06
☽	★	07
☽	★	08
☽	★	09
☽	★	10
☽	★	11
☽	★	12
☽	★	13
☽	★	14
☽	★	15
☽	★	16
		計

P150へ ←

絆

この世を生きるうえで、人間関係の学びは欠かせないもの。人がいるからこそ、喜怒哀楽さまざまな感情を味わえ、たましいを磨くことができるのです。

「絆」の神示は、人間関係全般を導いてくれます。

01 他人に対して緊張する心

天のお告げ

初対面の人に会うと緊張してうまく話せない、恐怖心が先に立ってしまう……などと悩んでいるなら、それをネガティブにとらえず、考え方を180度変えましょう。人と絆を結ぶうえで、「緊張し

星

人間関係で失敗したくない、トラブルを起こしたくないと思う気持ちが強いほど、他者と向き合うとき緊張することがあります。心の奥に「いい関係を築きたい」という熱意があるからこそ、慎重になっているのです。

ただ、極度の緊張で顔や体までこわばるような場合、これまで相当人間関係で苦労してきたのでしょう。過去のつまずきが自己否定につながっていて、緊張をほぐそうと思うほど不自然になってしまうのです。こういう悪循環に陥っているときは、つまずきの原因を探ることが最優先。そのうえで、あえて「少しくらい無愛想にしていい時間」を自分の中に設け、脱力した状態に心身を慣れさせましょう。また、仲の良い親子や恋人同士を観察し、仕草や表情を真似るのもフィジカルな訓練に。あなたが「自然でいいな」と感じる人を真似てみると、コツをつかめます。

不安と期待は表裏一体ですから、不安に思うのは、他者ともっと絆を結びたいという意欲の証。「緊張する自分はダメだ」と、否定しないことが大切です。

やすい」のは、実はマイナスになるものでもありません。それだけ相手と真剣に向き合おうと思っている意気込みの表れだからです。

むしろ、気が緩んだ状態で相手と対峙するよりも、適度な緊張感があったほうが、冷静に本質を鋭く見抜くこともできるでしょう。

ただ、緊張していると感じるときは、笑顔を忘れずに。笑顔は、「あなたを受け入れています」というサインとなり、相手の気持ちをほぐしてくれるからです。


今のあなたは星か月、どちらに心惹かれますか？

月 or 星

月

前世で「人を見たら敵と思え」というような緊迫した時代に生きていたり、よほどつらい経験をした場合、今生《こんじょう》でもその警戒心が解けず、「人と接するのが苦手」と感じがちです。

警戒心の強かった前世の影響が強く表れている場合は、笑顔を作るのが苦手で、努力して笑おうとしても、顔が引きつりやすいかもしれません。自分でも、「うまく笑えない」という自覚があるなら、毎日、鏡の前で笑顔の練習をしましょう。口角を上げて笑顔を作り、大きな声を出して笑いましょう。「笑い声」は、ネガティブな〝気〟のお祓《はら》いにもなります。

一方、前世で、特定の人に守られて育ち、愛された人生だったために、今生で逆に警戒心が強くなってしまうことも。この場合、大勢の人の前に出ることへの苦手意識があるかもしれません。ただ、笑顔になること自体には抵抗感を抱かず、自然と笑うことができるでしょう。

笑顔がナチュラルに出るか出ないかで、前世のあなたの傾向が見えてきます。

02 ネットでの交流に依存する心

天のお告げ

その時代その時代で、次々に新しく便利なツールが発明され、人気になるのは世の常。「便利」なものは一度手にすると、手放すのには勇気が必要です。すべてのコミュニケーションが、SNSやメ

星

いまや世代を問わずインターネットを通しての交流は盛んで、世界中の人とも知り合えたり、懐かしい友達と再会できたりと、必ずしも「負」ばかりではないのはわかります。

けれど、何事も「真《しん》・副《そえ》・控《ひかえ》」が肝心。華道のある流派では、中心に置く花を「真」とし、それを引き立たせるために「副」「控」というバランスを考えて生けるのが一番美しいとされています。これは人生にも通じること。一番大事なのは何かを考えるのが先で、「副」「控」に時間を割く必要はないのです。

食事中なら、食べ物をいただくことや、同席している人たちと会話を楽しむことが「真」のはず。そうした心の交流をおろそかにして、ネットの向こう側とつながろうと考えるのは、本末転倒です。

ネットの交流で疲れてしまう人は、直接会う付き合いを増やしましょう。生身の人に会う分、ダイレクトに傷ついたり、嫌な思いをするかもしれませんが、相手のオーラを直に感じることができるほうが、相手のことがよくわかり、いらぬ誤解を招きません。

ール頼みになっていると自覚しているあなたは、意識的に制限を設ける必要があるでしょう。

たとえば、食事をしているときは、携帯電話やスマートフォンを見ないなど、自分の中で約束事を決めましょう。特に、誰かと食事をしていたり話をしているときにまで手放せない人は、要注意です。それは、単に「依存」がいけないのではなく、他者に向き合ううえでの「マナー」（心）が足りていないことが問題なのです。

今のあなたは星か月、どちらに心惹かれますか？

月 or 星

月

前世において、大事な人からの音信を待ち続けていたり、帰ってこない誰かを想っていたり、生き別れた人のことを愛し続けていたなど、「便り」を待ち続けていたたましいは、今生に来てからも、人と向き合う際に、不安な気持ちを抱きやすい傾向があります。

極端な場合は、少し人が苦手だったり、人の嫌な面ばかりが目について、すぐに疲れてしまうかもしれません。前世において、長く待ち続けたのに、その願いが叶わなかったという〝哀しい記憶〟がたましいに刻まれている場合が多いのです。

ですから、今でも、メールの返事がすぐに来ないだけで、「あの人に嫌われるようなことをしてしまったのかもしれない」と思い込み、不安になってしまうことも。そう感じたときには、「人と触れ合いたい」「本気で向き合いたい」と望んで生まれてきたのだと思い返しましょう。前世で経験が足りなかった部分を補いたいと意欲を持ってきているのです。それがわかれば、人と絆を結ぶ勇気が出るでしょう。

03

毎日がつまらないと思う心

天のお告げ

人にもまれながらも、何となく惰性で生きていませんか？「退屈」と思うことがあるかもしれません。しかし、そういうふうにわが身を嘆いていても状況は変わらないのです。ささやかな楽しみひ

星

自分で楽しみを見つけることは、難しいことではありません。その日一日、何を楽しむか、自分なりにテーマを決めて行動するといいのです。たとえば、「今日は〝しんみり〟しよう」と決めたら、友達の誘いがあっても断り、自分の時間を大切にしてください。そういうふうに、テーマに沿って〝演じて〟みましょう。環境は、自分の想いや行動が創るもの。ですから、「面白くない」「つまらない」と思ってあきらめていると、本当にその通りになります。楽しいと思える環境を、あなた自身が「俳優兼監督」となって、自分でコーディネートしましょう。好きな音楽を聴くのでもいいし、本を読むのでもいい。小さな幸せを見つけて自分で自分をあやし、「お守《も》り」をしていくことが大切です。

自分の「お守り」ができるようになると、いい意味でのマイペースになれますから、他人や周りが気にならなくなり、振り回されなくなっていきます。自分のペースで楽しみつつ、自分を律することができるようにもなるので、一石二鳥です。

とでも、誰かから与えられることを待っていませんか？

　楽しみというのは自分で創るもの。たとえば、会社からの帰り道に寄り道をしてお店に立ち寄ってみたり、目の前を通りかかった猫に微笑みかけてみたり……と、ささいなことでも日常に変化を持たせることはできるのです。

　あなたが視点を変えれば、楽しみは、無限にあります。好奇心を持って行動する気持ちを失わないことが何より大切です。


今のあなたは星か月、どちらに心惹かれますか？

月 or 星

月

月に惹かれたあなたは、その前世において自由のない日々を送っていたようです。周りの命令で行動したり、「こうしなさい」と強いられることが多かったようです。

　また、たましいの歴史を振り返ったとき、どちらかと言うと、女性として生きた経験が豊富かもしれません。こういう前世を持つ人は、自分の手で運命を切り拓《ひら》く喜びを味わいたいと望んでいます。

　だから、少しの暇も惜しみ、時間を有効に使って動き回ります。「ボヤボヤしている時間がもったいない」と思う気質を持っています。

　指図される生き方ではなく、自分で自分の人生に責任を持って生きたいと願っているのです。

　それでももし、「毎日、ルーティンの繰り返しでつまらない」と嫌になったときは、ぜひ、あなたのたましいの個性を思い出してください。あなたは、もっともっといろんな刺激を受けて、人生を謳歌したいはず。ですから、あらゆる「経験」を放棄しないよう、いい意味で貪欲に生きていきましょう。

04 家族にいらつく心

天のお告げ

口やかましく干渉されたり、何かやろうとするといつも反対されたり……。そんな親や家族を持つと、「ウザい！」と不満を漏らしたくなるかもしれません。

しかし、あなたはまだわかっていません。

星

家族にイライラするというのは、それだけ甘える気持ちが強くなっているということ。それがわかったら、適度な距離を置くことが必要です。

そのほうが、お互いの存在のありがたみもわかるようになります。

そこで、心がけるとよいのは、「親しき仲にも礼儀あり」の実践。家族と話すときも、要所要所で敬語を使うと、お互いに「あなたのことを尊重していますよ」と伝える手段となります。相手を尊重すれば、相手からも同じように扱われます。

また、家族間の出来事となると、つい「ありがとう」や「ごめんなさい」の気持ちを表すのを後回しにしがち。けれど、人生はいつ何が起きるかわかりません。ですから、身近な相手にこそ、照れずに心の内を隠さず伝えるようにしましょう。

もし、その気持ちを言葉にするのが照れくさいと思うなら、ハンカチ1枚でもお菓子1個でもいいので、想いを込めて贈りましょう。家族のことを想って選ぶと、念が伝わる贈り物となるでしょう。

いないだけ。減らず口を叩ける人がいることがいかに幸せか……。ぶつかってしまうのも、甘えの感情です。甘えられるほどに心を許せるというのは、実は恵まれたことなのだと理解しましょう。

家族のやることなすことにいらつくのは、あなたが家族と同レベルだから。あなたより波長が低いのなら、同じ土俵には乗らず、クールにあしらえるはずです。イライラしたくないなら、自分の波長を高める努力が必要です。


今のあなたは星か月、どちらに心惹かれますか？

月 or 星

月

家族に対して優しく振る舞えないというあなたは、前世において実は家族仲がとても良く、葛藤がなかった可能性があります。そのため、今生では反対に試練の多い関係を選んで学んでいたりします。家族は「学校」。一番学びにふさわしい配役を選んで、あなたは生まれています。

どんなに家族に反発していても、家族の愛をまったく受けていないわけではありません。たとえ1％でもそこに愛があれば、それも愛に違いないのです。

もし、今のあなたが、家族が示してくれる愛情に素直に感謝できず、「家族となんて仲良くしなくて構わない」と思い込もうとしているのなら、意地を張るのはやめにしましょう。あなたが意地を張れば、相手も意地を張ります。素直になれないままでいると、先々で後悔する可能性も……。

それでもどうしても無理なら、物理的な距離を置くことも選択肢のひとつ。距離が離れても、家族に変わりはありませんし、どんなすれ違いも、あの世に帰れば明白になるもの。焦ることはないのです。

05 誤解を招きやすい心

天のお告げ

何をやっても意図することと違うように受け取られるときは、あなた自身、精一杯伝える努力をしているのか、見直しましょう。
たとえば、返事の仕方ひとつでも、誤解を招くことはあるもの。

星

言葉で誤解を招きやすい人は、発した言葉が相手には冷たく聞こえてしまうことがあるようです。言葉に宿る力、言霊《ことたま》はあなどれません。もし、冷たいという印象を与えたのなら、あなたの中にその物事に対する〝無関心さ〟がないか、自分の心をよく見つめましょう。愛がないから、相手の心に言葉が響かないのでしょう。この場合は、「言い方」を小手先で変えるだけでは、状況は変わりません。正すべきは、心のほうなのです。

ネガティブな思いを抱いたら、気をつけないとそれがそのまま相手に伝わってしまいます。すべてがはっきりと伝わるということを忘れてはいけません。

仕事でも、そのほかの人間関係でも、誤解を招いたと思ったときは、自分の心や言動が引き寄せたことか否かを見極めましょう。自分の動機にやましさはなく、あらぬ誤解を受けているなら、相手と同じ土俵には乗らないように。あなたはあなたで、やるべきことを淡々としていればいいだけ。「言いたい人には言わせておく」くらいの腹くくりが必要です。

「はい、はい、はい」とあしらうように返されると、「小馬鹿にされた」と感じる人がいます。言っているほうには他意はなく、ただの口癖でも、相手が不快に思い、亀裂が生じることもあるのです。

こうした〝テクニック的な問題〟で招く誤解なら、改善は簡単です。言い方を見直すだけで、相手の反応も変わるでしょう。

なぜ、誤解されるのか。その原因を客観的に分析すれば、すぐ改善できることもあるのです。

今のあなたは星か月、どちらに心惹かれますか？

月 or 星

月

周りの人に誤解されると、強いショックを受け、立ち直れない。それどころか、全否定されたように感じ、孤立感を覚えてしまうという人は、その前世を見つめましょう。

前世の経験の中で、人に対して素直になれず、心とは裏腹の行動を取っていた可能性があります。本心を明かさず、それが原因で誤解されたことも数知れずあったのでしょう。

前世でその問題を乗り越えていないから、今生でも何かと誤解されやすいのです。今のあなたは、「どうせ理解されないから」と卑屈になっていませんか？　そうなるとますます波長が下がります。ビクビクしたオーラにつけ込んでくる人もいます。自分の波長を下げないことが、誤解を招かないための最大の防御ですから、自分を律して、常に凛としていましょう。

また、あなたの中に他者への依存心があると、その人たちに誤解されたり、わかってもらえないだけで落胆してしまいます。「自立心」が必要です。

06 お金のことを気にする心

天のお告げ

お金は、この現世にしかない重要なコミュニケーションツールです。ただ、人間関係にお金の問題が絡み、絆を結ぶうえでつらい思いを味わう人も大勢います。「お金を貸してあげたのに返って

星

お金というツールを通して人を判断するのはいやらしいと思うかもしれませんが、実際、お金の使い方やお金との向き合い方には、つぶさに〝その人〟が表れます。ある種「鏡」のように、心を映し出してくれるのです。

たとえば、付き合いで食事に出かけたとき、自分はお酒を一滴も飲んでいないのに、よく飲んでいた人も含めて割り勘にされるといらつく人がいます。こういう人は、実は日頃から筋道がちょっとでもおかしいと思うと、感情的になりやすいところがあります。受け流すことができない傾向があるでしょう。

一方、「楽しければ何より」と肯定できる人は、その場の雰囲気や絆を大事にしています。自分を律して受け止めているので、後になって「やっぱり納得がいかない」などと不満を漏らしたりはしません。

こうした日常でよくあるワンシーンを通しても、「心」は浮き彫りになります。それらを日頃から理性的に分析し、お金についても、何か「心」の問題点が映し出されていないか、見つめましょう。

こなくてもめた」など、お金によって、関係に亀裂が入ることも珍しくはありません。お金にはそれだけ、人の心があぶり出されます。

また、特に日本人に多い感覚かもしれませんが、お金のことを先に口にするのを嫌う傾向がありますす。仕事などでも、最初に報酬の話をするのは〝はしたない〟と遠慮しがち。でも、トラブルを招かない秘訣は、「喧嘩は先にしろ」。感情は入れず、理性で、先に話しておくのが一番なのです。

今のあなたは星か月、どちらに心惹かれますか？

月 or 星

月

今、あなたがどのようにお金を扱うかを見ると、前世が見えてきます。たとえば、散財に抵抗がなかったり、金銭感覚が狂いやすく、毎月生活に困窮するような無計画な使い方をするタイプは、前世では経済的な苦労を知りません。

この場合、今生ではお金に無頓着になりがちで、それゆえ苦労しますが、お金という教材を通して計画性を学びます。前世の傾向を読み解き、今生の課題を知り、お金と向き合う〝視点〟を養いましょう。

お金に対してきちんとしている人は、人との間の絆も大切にします。たとえば、仕事で先に金銭的な条件を詰めておくのは、後からもめないための〝理性的な対応〟です。その相手との間の絆を重んじ、信用を大切にするからこそ、話しておくのです。こうしたちょっとした気を利かせられる人は、人間関係でもめることも少ないでしょう。

あの世に帰れば、お金は必要ありません。つまり、お金を通してたましいを磨けるのは、現世の醍醐味。そう理解して、お金と向き合いましょう。

07 旅をしたいと思う心

天のお告げ

急にどこかに旅に行きたくなったり、遠出ではなくても、見知らぬ街に出かけたい！　というインスピレーションが湧くときは、あなたにとって大事な時期です。新しい世界に触れたいという欲求が

星

旅に出たいと思ったときは、人生の軌道修正時期でもあります。これまでの自分を振り返る「内観」の時間を持ちましょう。静かに自分と向き合う意味ではひとり旅がおすすめですが、友達や家族などと出かける場合も、旅の途中でひとりになれる時間を作り、予定をあまり目一杯、詰め込まないようにするのがいいでしょう。

また、突発的に「どこかに行きたい」と思うときも、あなたのたましいから「人生は有限。後悔しないように生きなさい」という神示が届いています。

いうなれば、あなたのこの人生そのものも、〝経験と感動を積む旅〟。ですから、心の向くままに、やりたいことがあれば、何でも挑戦しましょう。後から「あのとき、ああしていれば良かった」などと悔やんでも、時は戻りません。

実際の旅と、人生という旅。どちらも共通項がありますから、「旅に出たい」と思ったときは、旅先で心身を休めながら、自分の人生についても、じっくり考える機会にするといいでしょう。

たましいから湧き起こるのは、人間関係を含めた「変化」が訪れる前触れなのです。

　これまでの人生の歩みを振り返り、これからどう生きていくかを考えるのにふさわしい時期でもあります。

　場所は、どこでも構いません。「ここだ！」とひらめいたところに、心のままに出かけましょう。インスピレーションで選んだところは、縁に導かれた場所。そこを訪れるのも、必然です。


今のあなたは星か月、どちらに心惹かれますか？

月 or 星

月

旅番組や雑誌の街歩き特集を見るのが好きではありませんか？　前世で、行動も自由に取れなかった暮らしをしていると、「まだ見ぬ土地」や「知らない場所」への憧れが強くなります。高貴な身分だったために自由が許されなかったり、逆に、労働に明け暮れる毎日で、遊ぶ余裕がなかった場合もあるでしょう。いずれにせよ、移動する機会は、まずなかったようです。さらに、前世で女性だった場合、自由とは程遠い生き方をしていた可能性が高いのです。

　そのため、たましいは今、新しいものを見たり、触れたり、味わったり……と、いろんな経験がしたいと望んでいます。旅に出るにしても、いわゆる観光地ではないところで〝現地の暮らし〟を体験したいと思うなど、冒険願望も色濃く表れるでしょう。

「旅をしたい！」と思うとき、導かれるようにして、前世で暮らしていたところに心惹かれることもあります。理屈ではなく、直感で「行ってみたい！」と感じた場所は、前世の縁かもしれません。

08 パワーが落ちてふさぎがちな心

天のお告げ

元気に飛び回って遊んでいたのに、急に電池が切れたかのようにパワーダウンしてしまうことがあるかもしれません。

こういうときは、無理をしないことが肝心。友達から誘われ、「疲

星

なぜパワーダウンしているのか、その理由を冷静に見極めることが必要です。

瞬間的に感情が変動する「お天気屋」になっているなら、そこに〝憑《ひょう》依《い》〟があることも。憑依と聞くと恐ろしく聞こえるかもしれませんが、未浄化な思いを持った霊と、未浄化な思いを持ったあなたが引き合ったから起きるだけのこと。あなたの波長が招くものです。

また、憑依は「生きている人」との間にも起こります。たとえば、友達の相談に気安く乗ってあげたら、重い悩みを聞いて自分まで元気をなくしてしまうというのも、一種の〝憑依〟なのです。

こうした憑依を招くとき、心（感情）だけではなく、体のコンディションが乱れていることも……。睡眠不足や体調不良がなかったかなどを見直しましょう。そのうえで、「どうして自分の波長が下がっているのか」を分析することが、一番の浄霊になります。あなたの心の中や行動の中に、必ず原因があるのです。

れてるけど、断れないな」と思っても、優先すべきはあなたの体力と気力。元気がないのをおして出かけたところで、あなたも周りも心から楽しむことはできません。

　仮に、周りから「付き合いが悪い」と言われたとしても、気乗りしないなら行かないこと。「ちょっと体調がすぐれなくて……」などと理由をつけて断っていいのです。自分のキャパシティを知ることが大事。限界を超えてまで、付き合う必要はありません。


今のあなたは星か月、どちらに心惹かれますか？

月 or 星

月

パワーダウンしているとき、何をすればエナジーを充電できるのかは人それぞれ違っているでしょう。実は、この「何がエナジーの源となるか」に、前世の〝環境〟が大きく影響しているのです。

　たとえば、落ち込んで元気が出ないときは、とにかく家族の顔を見たり、声を聞くことで回復できるという場合。こういう人は、前世においても家族仲が良く、精神的に支えられてきたのでしょう。そのときのことが今生にも影響しているので、今も「家族」が生きる力になっています。

　逆に、パワーがないときは他人と群れず、ひとりになりたいと思う人もいるでしょう。こうした人は、前世において束縛の多い環境で暮らしていて、息が詰まる思いを味わってきた経験が。そのため、落ち込んでいるときほど、ひとりになって考えたいと思うはずです。この場合は、周りからの干渉を避けられ、落ち着ける場所に行くといいでしょう。静寂を得ることで自分を見つめられ、心身が安定します。

09 孤独を恐れる心

天のお告げ

孤独を嘆く人は、怠惰なのです。本来、人はひとりでこの世に生まれ、ひとりで死んでいくのですから、ひとりでいること自体は、とりたてて特別なことでもありません。自分を律したうえでひとりを

星

前世に起因すると思われるトラウマもなく、なぜか「孤独に弱い」と感じやすいなら、まずは、「ひとりでご飯を食べること」から訓練しましょう。ひとりで食事している姿を見せたくなくて、トイレにこもってランチをとる人もいるそうですが、「孤食」＝「孤独」ではありません。公園のベンチで緑を眺めながら食べるのも、いいリフレッシュになります。

ひとりで食事をすることに慣れてきたら、次のステップとしては、ひとり旅もおすすめ。特に、聖地巡りは、理想を言えばひとりが最適です。人とたわむれるよりも、静寂の中でより深い内観ができます。神社にお参りに行けないというときでも、あなたが日々、自分と向き合う時間を作れば、あなたの家や通勤電車の中さえも「あなただけの聖地」となります。探していた答えが、たまたま目に留まったものの中に書かれていたり、人の言葉を借りて伝わることもあるでしょう。それらはまさに守護霊からの導き、霊界からの神示として、もたらされます。

選んでいるなら、それは「孤高」という〝理性的な生き方〟です。「ひとりは寂しい」「ひとりは不安」などと、孤独を恐れる心が強くなるときは、実はあなた自身の〝依存心〟を見つめ直すことが大切です。日頃から、他者に頼りすぎてはいませんか？　自力で問題を解決する努力を忘れていませんか？　あなたには、何があっても「自分で何とかする！」という腹くくりが欠けています。努力を怠っていないか、見直しを。

今のあなたは星か月、どちらに心惹かれますか？

月 or 星

月

孤高に生きることができない人、ひとりでいるのが不安という人は、前世での経験が少ない傾向にあると言えるでしょう。何度もこの世に生まれてきたたましいは、傷ついたり、泣いたり、落胆したり……と、さまざまな感情を味わってきているので、打たれ強くなっています。また、数は少なくてもインパクトが強い経験をした場合も、たましいが鍛えられています。こういう場合、今も〝孤独への恐れ〟を比較的感じないでしょう。

初めて訪れる場所に行くとき、往路では遠く感じていた距離が、帰り道はぐっと近く感じられるのと同じで、たましいも、過去に経験したことがあるほど、たくましさが身についているからです。

孤独を恐れる心が湧いたら、逆に、今、あなたのたましいが「もっとたくさんの人にもまれて、成長したい！」と望んでいるのだと受け止めましょう。そもそも、もしこの世にあなたしかいなかったら、「孤独」だとは思いません。孤独を恐れるのは、今のあなた自身の〝向上心〟の表れでもあるのです。

10 人に会うのを億劫に思う心

天のお告げ

人に会うのが面倒に感じられたら、それ自体が大事な神示です。また、遊びに行く予定だったのに、熱を出すなど、体調が急に悪化した場合も「足止め」のメッセージ。無理して出かけると、トラブルを

星

「ひとりになって、人間関係の疲れを癒やすとき」というメッセージをあなたは天から受け取っています。まずは「あえて何もしない時間」を作るといいでしょう。インターバルを置くことで、心に余裕が生まれるはずです。

ある程度休むと、次第に「動きたい」とウズウズしてくるはず。たましいが発動するそのときまで、小休止しても構いません。十分に休み、栄養のバランスを考えた食事を摂り、適度な運動をすることを意識しましょう。肉体面からアプローチをすることで、逆に精神面も安定していきます。たましいが静寂を求めているときは、人と群れたり騒いだりせず、ゆったりとした心持ちで過ごしましょう。

ただ、もし、「人前に出たくない」という拒絶反応が異様に強い場合には、その理由を客観的に分析する必要があります。たとえば、「人からどう見られるか」を意識しすぎて、外に出るのが怖くなっていることも……。そんなときは「人はそれほど周りを気にしていない」と受け止めることで癒やせます。

引き寄せかねませんから、状況が許すならキャンセルしたほうが無難。あなたの第六感が危険を察知していることもありますし、「天からの警告」かもしれません。

　ひとりになって、心と体を休めましょう。そして、少し力が戻ってきてから、懐かしい場所を訪ねたり、めったに会わない旧友と再会するのもいいでしょう。エナジーの充電になり、原点に還ることで、「また明日からも頑張ろう！」と思えるはずです。


今のあなたは星か月、どちらに心惹かれますか？

月 or 星

月

前世においても、人間関係に苦労したことがあったようです。八方美人と受け取られ、周りからの集中砲火を浴びるなど、嫌な出来事があった可能性も……。そのため、今でも、人と関わることを面倒に感じがちです。人間関係に苦労している場合、大事なのは、自分の中に軸を持つこと。周りの考えにすぐ迎合してなびいていると、疲れてしまいます。どの程度まで付き合うのか、どこまでは我慢するかなど、常にあなた自身で理性的に線引きをすることが、身を守る秘訣です。

　また、「引きこもりがち」になるたましいの中には、宗教的な環境の中で生きていた前世があることも。隠遁生活をしていた場合、今も禁欲的な生活のほうがなじみやすく、ストイックに自分を追い込んだり、たとえば、菜食を好んだりします。

　今も、世俗と関わるのが苦手かもしれませんが、現世に生まれたということは、「世俗の中で学びなさい」ということ。こもる生活から外に出て、世間の荒波にもまれながら、己を磨く学びがあります。

11 愚痴を口にする心

天のお告げ

周りの人たちとのコミュニケーションがうまく取れず、自分ひとりが空回りしているように感じやすいかもしれません。「どうしてうまくいかないのか」と不満ばかりが湧き、わが身の不幸を呪う気

星

人間関係をはじめ、あらゆることに不満を持ち、空回りしてしまうのは、実は、あなたのやり方のピントがずれているからです。たとえば、関わらなくてもいい問題に自ら首を突っ込んでイライラしていませんか？

要するに、あなたは無駄なところにエネルギーを使いすぎているのです。やるべきことだけに目を向けていればいいのに、あちこちに気が散っています。やるべきことの順序を考えて、行動しましょう。

確かに、世の中で起きることは理不尽だらけで、ある意味、まっとうな心、清らかな心を持っている人ほど、受け入れがたいかもしれません。不満も湧くし、空回りをするのもわかります。けれども、あなたは、そうした世の中のドロドロした部分をも望んで生まれてきています。泥の中に蓮が咲くように、それがあるからたましいを輝かせられるのです。わずらわしいことも現世にしかないと思えば、きっと愛おしく思えるでしょう。「どんと来い！　闇！」と明るく笑い飛ばすくらいの切り替えが必要です。

持ちになることもあるでしょう。

しかし、そういうふうに、愚痴っぽくなるときほど、「大事なこと」に気づく感性が必要です。

あなたは今、それなりに恵まれているから愚痴を口にできるのです。本当にせっぱつまっているなら、そんな暇も心の余裕もありません。目の前の不満ばかりに目を向けず、見方を変えて、今すでにあなたが持っている「幸い」に感謝しましょう。今に感謝できる人は、明日を変えられる人です。

今のあなたは星か月、どちらに心惹かれますか？

月 or 星

月

月に心惹かれたあなたは、そのたましいの中に「満たされない気持ち」をずっと抱えているようです。

前世で、人からさげすまれたり、差別を受けたりして、耐えに耐えてきた経験がある可能性があります。置かれていた環境も非常に厳しいもので、自分自身のことを考える余裕など、まったくありませんでした。「考える」という習慣がない生き方をしてきた分、現世の荒波にもまれると、生きづらさや苦しさを抱えがち。選ばなければならないことも、考えなければならないこともあまりにも多い時代だからです。どうやって考えればいいのか、軸がなく、ブレがちです。

でも、今のあなたは、幸せ。こういうふうに不満を抱け、悩める余裕があるのですから……。人間関係で悩んだり、うまくいかなくて自分だけが空回りしていると思えるときも、「人は人でしか磨かれない」、もっと言えば、「たましいはたましい同士でしか磨かれない」ということを心に留めるようにしましょう。

12 過去を悔やむ心

天のお告げ

これまで関わってきた人との思い出の中に、後悔はありませんか。「あの人にもっと優しくしてあげればよかった」とか「あのとき、別れなければよかった」など、悔やむ気持ちが湧いたとしても、虚《むな》

星

星に心惹かれたあなたは、過去を見つめ、受け入れていく過程で、「自分に嘘をついていた」と気づくかもしれません。たとえば、結婚して家庭に入っているけれど、本当はバリバリ働くキャリアウーマンになりたかった……など、隠していた願望が浮かび上がってくることも。

思い浮かぶ後悔は人それぞれでしょうが、「本当に進みたかった道」ではないところに、今、自分が立っている気がして、もどかしいのでしょう。

もし、それが、現実逃避からくる「安易な憧れ」ではなく、「本気でやり直したい」と思うなら、今からでも遅くはありません。覚悟さえあれば、いつからでも挑むことはできるのです。

大事なのは、自分に嘘をつかないこと。本気の想いがあるなら、新たな場所で、新しい絆を築くことも不可能ではありません。

「夢」を語る人は大勢いますが、その本気度の見極めは簡単。口先だけではなく、どれだけ行動を起こせるかどうか。実践できるかを見ればよいのです。

しいと思わないでください。「その時どきで意味があったことだ」と受け入れる理性が、あなたには必要です。そもそも、縁も人間関係も、波長によって変わるもの。自分と似た要素（波長の「表映し出し」）で引き寄せるだけではなく、あなたに足りない要素を反面教師として学ぶこと（波長の「裏映し出し」）もあります。

過去を見つめ、後悔することが多いなら、その縁があなたのどんな波長で引き寄せたのか、分析を。

今のあなたは星か月、どちらに心惹かれますか？

月 or 星

月

あなたは、前世でさまざまな悔やみを残してこの世を去った可能性が高いでしょう。ただ、心に留めておいてほしいのは、前世に比べると、今は自分の努力次第で「変えられる範囲が広がっている」ということ。たとえば人間関係、恋愛や結婚、職業に至るまで、多様な選択肢があり、自由度も増しています。環境によってそうせざるを得ないという〝縛り〟は減っているはずです。

なんとなく虚しい気持ちになりやすいときは、前世の自分をイメージして、心の中で声をかけてみましょう。「私は悔やまないように生きます」と。そして、自分がこれから生きる道について、真剣に考えましょう。

現世でぶつかる試練は、決して楽ではないでしょう。でも、それも自分で望んだカリキュラム。高い壁が目の前に立ちはだかったら、「やるなあ、自分！」と褒めてあげましょう。試練を乗り越えたいと望んだ熱心さの表れであり、また、それを乗り越えることができる〝たましい〟ということだからです。

13 懐かしい人との再会に揺れる心

天のお告げ

同窓会など、懐かしい人たちと再会する機会が訪れたとき、心が揺れることはありませんか？「久しぶりだから会いたい」と嬉しい気持ちになるときもあれば、今の自分に自信が持てないと、「気

星

懐かしい人たちとかつて共に過ごした時間は、あなたの心の財産になっているでしょう。

もちろん、いいことばかりではなかったかもしれません。けれど、時間を置いて再会すると、会わなかった間にもお互い成長しているので、まるで絡まり合った糸がほどけるように、誤解が解けることがあるのです。

また、旧友と再会すると、あなたがいかに周りの人たちに支えられていたのか、痛いほどわかるでしょう。ふとした会話の端々から、「ああ、こんなにも大事に想ってくれていたんだ」と察することができ、心が満たされます。それこそが、「愛の電池」の充電。あなたの中に愛が溜まって、生きる力が湧いてくるでしょう。

同窓会などの予定が特になく、旧友と再会できそうにないというときには、「昔のアルバム」を見直すだけでもいいでしょう。懐かしい時代を思い返すと、それだけでも、元気がみなぎり、「愛の電池」を満たすことができます。

が乗らない。欠席しようかな」と思ったりもするでしょう。

人との縁は不思議なもの。あるときまでバッタリ途絶えていた連絡が急に続いたり、知り合った人が実は旧友とつながっていたりすることも珍しくありません。

懐かしい人と再会したいと思ったときは、過去のわだかまりを解いたり、愛を充電するタイミングです。連絡をもらったときに、その誘いをどう受け止めるか、分析するといいでしょう。


今のあなたは星か月、どちらに心惹かれますか?

月 or 星

月

懐かしい人たちと再会したときに、すぐ打ち解けて和気あいあいと食事ができる人とそうでない人がいます。実は、「食べること」にも、前世の傾向が映し出されることがあるのです。

食事の席を楽しめない場合、ひとつの傾向として、前世では常に「緊張を強いられる場所」にいた可能性があります。

食事はその栄養を摂るだけでなく、親しい人と会話を楽しむ「和合の時間」でもあります。会話にしても食事にしても「口」を使いますが、口はエナジーの出入り口なのです。心を打ち解けられない相手といると、食事も受け付けなくなりやすいので、逆に、「人」を見るひとつのバロメーターとして、一緒に食事をしてみるのもいいでしょう。

また、「人生が停滞している」と感じたときは、懐かしい人たちと再会し、愛の交流を持つのもいいでしょう。〝渋滞〟にハマっているときは、イライラしても前には進めません。そんなときは、友達と旧交を温め、食卓を囲むのもおすすめです。

14

人に騙《だま》されやすい心

天のお告げ

あなたに必要なのは、相手の「行動」と自分の「波長」をしっかり分析することです。相手に対して「こういう人であってほしい」という期待はありませんでしたか？過剰な期待があると、行動を見

星

騙されたときは、そこに「因果の法則」も働いています。これは「自分でまいた種は自分で刈り取る」という意味。良くないことがあると、人のせい、災いのせいにする人が多いですが、実は、自ら引き寄せています。自分自身に原因があるのです。

「騙そう」と悪意を持って近づいてくる人がいたとしても、騙される自分にも問題があるということ。「この話に乗れば得できるかも」と欲を出したり、自分ではろくに思考もせず、「この人がそう言うなら……」と相手に依存する心が、「騙される」という結果となって返ってくる、ということです。

騙されたとわかったら、相手をいつまでも恨み続けるかもしれませんが、そういうふうに恨むと、あなたのたましいを汚してしまいます。恨みたくなったら、そのときの自分の顔を鏡で見てください。すごく嫌な顔になっているはず。そして、そういう顔をしている人の周りには、波長で同じような人が集まって、ますます闇の中に入っていってしまいます。

ようとしても目が曇り、正しく見極めることができません。自分の波長が低く、下心や欲に駆られていませんでしたか？

騙されてしまったなら、その後に必要なのは、「理性」です。騙されたことにショックを受け、いつまでも落ち込んでいるのは自己憐憫《れんびん》。自分にも未熟さがあった、依存があった。だから騙されたのだと受け入れて、過ちを繰り返さない！　と自らの思い、言葉、行動を見直し、改めましょう。

今のあなたは星か月、どちらに心惹かれますか？

月 or **星**

月

生まれながらに「人を見極めるのが苦手」なところがあり、騙されやすいようです。比較的早い年齢で結婚し、家のために一生を捧げた前世が今のあなたに影響を与えています。そのときは女性に生まれていて、勉強らしい勉強はできず、家族のために必死に働く日々だったのです。

今生のあなたが騙されやすいのは、人を見極める目が十分でなく、他人を疑わない無垢さがあるため。それでは現世を渡っていくには心もとないでしょう。

前世で十分に勉強できなかった分、今は「学びたい」という意欲があるはず。ただ、そこで身につけた〝知識〟を実践に活かせていなければ、宝の持ち腐れになってしまいます。実践できてこそ、それらの知識は、想像力を伴った〝知恵〟に変わります。

機会があれば、〝知恵〟の神様・ヤゴコロオモイカネノミコトを祀る神社（埼玉県・秩父神社など）にお参りし、そのエナジーに触れるのもいいでしょう。ご利益を願うのではなく、神前で「知恵を身につけて生きること」を誓いましょう。

15 身の周りの物に関心が向かない心

天のお告げ

今、ぱっと目についた「物」と「あなたのご縁」について考えてみてください。それはあなたが欲しくて手に入れたものですか？　なかには、仕事を頑張ったご褒美に自分で買ったとか、亡き祖母か

星

絆を築くためには愛が必要不可欠です。

ですが、多くの人がこの「愛」を勘違いしています。親子関係を例にとるとわかりやすいかもしれません。たとえば、口では「親が干渉してきて、うるさい」と言っている人も、内心では「親に理解してもらいたい」と〝愛〟を欲していたりするのです。

きょうだいと親の遺産相続でもめる人も、そう。親にどちらがより愛されていたかを知りたくて、「遺産＝愛」と置き換えていたりします。

ソリが合わなくてわかり合えない親子も、そう。「どうしてわかってくれないの！」という怒りは、言い換えれば「もっと愛してほしい！」なのです。

親子を例にとりましたが、人間関係には、こうした愛を巡る心の葛藤がつきもの。「愛の反対は無関心」という言葉がありますが、怒りでも反発でも、それは「相手への関心がある証」と知ることが大切です。

理解されることを求めるより、相手を理解するよう心を砕けば、人間関係のもめ事は解決できます。

ら譲り受けたなど、特別な思い入れがある物もあるかもしれません。

そこに込められた物語。それを大事にできる人は、物自体も大切にします。さらに、その物に関わる「人との絆」も尊びます。

反対に、買ったことさえ忘れ、同じ物ばかり集まっている状態なら、物への愛がないだけではなく、あらゆることに無関心になっている証です。このように、身の周りの物を見つめれば、あなたの〝絆《きずな》力《りょく》〟がわかります。


今のあなたは星か月、どちらに心惹かれますか？

月 or 星

月

月に心惹かれたあなたは、前世で人間関係でのトラブルが多く、他者とコミュニケーションを取ることを苦手に感じていたかもしれません。

気質的な理由だけではなく、置かれていた環境自体も、もめ事の多いところだったのでしょう。そうした前世の影響も少なからずあり、今も人と関わることを面倒に感じがちです。「愛の反対は無関心」です。他人に対して無関心になるときは、「生まれてきた意味」をよく考えて。

あなたがもともといた霊的世界（あの世）では、同じ波長のたましいと向き合いますから、基本的に「合わない」ということはありません。この現世だけが、違う気質のたましいと出会い、触れ合い、ぶつかり合うことができるのです。だからこそ、たましいを磨き合えるとも言えます。

あの世にいたほうが、ずっと穏やかでいられたのに、現世の荒波に飛び込んだのは、たましいが「1UP」を望んだから。ですから、ここで、人と関わるのを避けてしまうのは、もったいないことなのです。

16 本物の絆が欲しいと願う心

天のお告げ

誰かと特別な関係を築きたい、ソウルメイトに出会いたいと願っている人は多いことでしょう。ですが、「ロマンチックな関係になること＝ソウルメイト」とは限りません。「たましいをどれだけ磨ける

星

「他人と心を打ち解けられない」とか「人との間に絆を感じたことがない」と思うことはありませんか。

実はこういうことで悩む人の中には、自分のほうが周りに対して不義理をしていることが多いので、気をつけましょう。人から親切にしてもらったのに、お礼すらしていないなどということはありませんか？　お礼とは、物品を贈ることとは限りません。心のこもった「ありがとう」の言葉でも十分なのです。また、どこかで、「してもらって当たり前」と傲慢になっていなかったかも見直しましょう。謙虚さのない人が、人との絆を大事に温められるはずもありません。

あなたが周りの人にしたことは、必ず自分自身に返ってきます。そのことを忘れず、過去の自分の言動に冷淡なところがなかったか、よく見直して。

そして、自分のいたらない部分に気づいたら、目をそらさずに、悪しきところを変えましょう。シンプルですが、そうやって自分の波長を高めてこそ、本物の絆を築くことに一歩近づけるのです。

相手か」ということが重要なので、あなたのことを思いきり〝けなした人〟も、広義でとらえるなら、ソウルメイトとも言えるのです。「前世から縁のあるパートナーと出会いたい」とただ待ち望んでいるだけでは何も起きません。そもそも、前世で結ばれていた人と今生もそのまま一緒になることのほうがまれ。さまざまなバリエーションを欲して生まれてきたのですから、いつも同じメンツでは寂しい〝旅一座〟になってしまいます。

今のあなたは星か月、どちらに心惹かれますか?

月 or 星

月

月に惹かれたあなたは、「本物の絆を築きたい」と思う気持ちがある半面、「人付き合いが苦手」と思いがち。「尽くしても無駄。失望するだけ」などと考えやすいでしょう。

実は、前世においても、手ひどく人に裏切られたり、表向きの顔とは違う本性を見てしまった経験があるのでしょう。そのときのつらい気持ちがたましいの中に刻まれているので、今もどこか冷めていて、他人に期待しない傾向があります。あと一歩相手に踏み込めず、浅い関係で終わってしまいがちです。

根底にある失望感を拭うためにも、人と触れ合うことを恐れないでください。あなたが今生で出会う人には、いい人もいれば悪い人もいるでしょう。でも、そのどちらも「あぶり絵」のように、あなたの姿を映し出してくれます。

そして、持って生まれた〝未熟さ〟のどの部分をあぶり出してくれる出会いなのか、しっかりと分析しましょう。出会う相手を見れば、自分が今、どの段階まで成長できているかがわかります。

絆

星月のしるし

「絆」で取り上げた16項目で、
あなたは「星」と「月」のどちらに心惹かれましたか。
インスピレーションで先に選んだほうをチェックし、
合計を集計してください。

月	星	
☽	★	01
☽	★	02
☽	★	03
☽	★	04
☽	★	05
☽	★	06
☽	★	07
☽	★	08
☽	★	09
☽	★	10
☽	★	11
☽	★	12
☽	★	13
☽	★	14
☽	★	15
☽	★	16
		計

P150へ ←

星月神示

あなたが
生まれてきた意味

星月神示

星と月が意味すること

あなたが人生でつまずくとき、その原因は大きく分けて2つあります。

まず、ひとつは、「前世から持ってきた問題」を克服できていないケース。前世で、どんな問題を乗り越えられなかったのか、悔やみを残していた原因は何だったかを告げていたのが「月」なのです。前世での後悔が今のあなたのたましいに強く刻まれていると、先に「月」が気になります。

また、たいてい「前世」はひとつではありません。あなたがここに生まれてくるまでに、たましいは、異なる時代、国、性別、環境を選んで何度も学んでいます。単純にひとつの前世だけが影響を及ぼしているのではなく、複雑に絡み合って今のあなたの気質、たましいの個性が生まれています。それを踏まえたうえで、今、あなたがぶつかっている問題の原因を読み解きましょう。前世を引きずっている場合は、「月」から学びましょう。

そして、ふたつめは、「星」。

こちらを先に選んだ人は、前世での問題はある程度は克服したうえで、生まれてきています。今抱えている〝心の葛藤〟や悩みは、今生にやってきてからのあなたの思いぐせ（＝思考のくせ）やトラウマに起因しています。

それをひもとき、目の前のハードルを飛び越えるための〝視点の持ち方〟を示していたのが「星」の神示でした。

「星」に惹かれた人は、「努力して成長することが〝人生の醍醐味〟」ということを心に刻みましょう。素材として生まれ持った「宿命」を受け入れたうえであれば、あとは自分の努力と工夫次第で、人生は自由に築ける。

——これが、スピリチュアルな「運命の法則」なのです。

星月神示で今のあなたの状態がわかります。

あなたの「今のたましいの状態」を知る診断シートです。グラフを作りましょう。

① 各カテゴリーで集計した星と月の数を左の表に書き写しましょう。

	★星	☽月
導き		
愛情		
生業		
絆		

② 星の数のみを確認し、次のページのグラフに点を書き込みましょう。

③ それぞれの点を線でつなげてみましょう。

記入例

● 星の数をグラフに反映させます

↓

	★星	☽月
導き	15	1
愛情	6	10
生業	12	4
絆	14	2

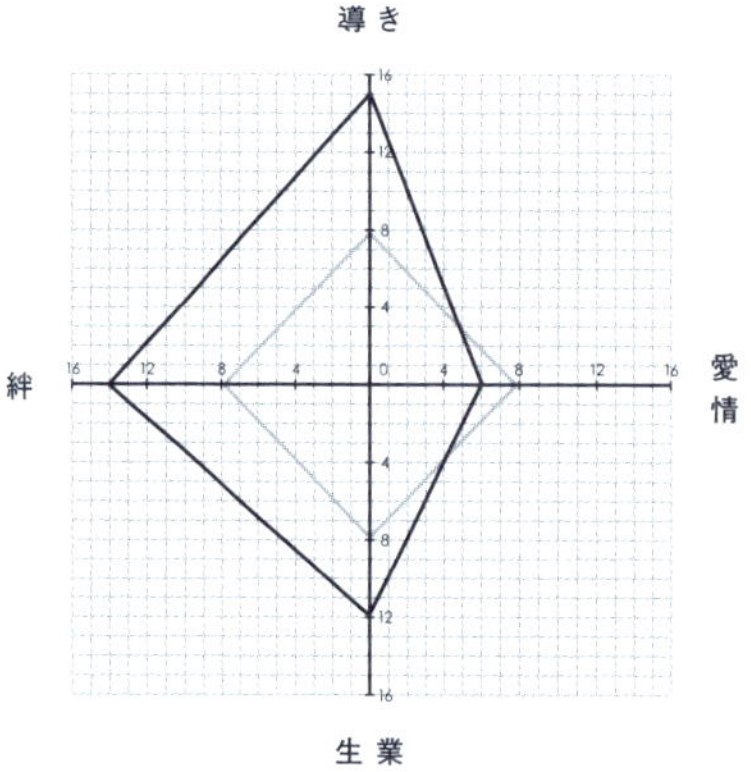

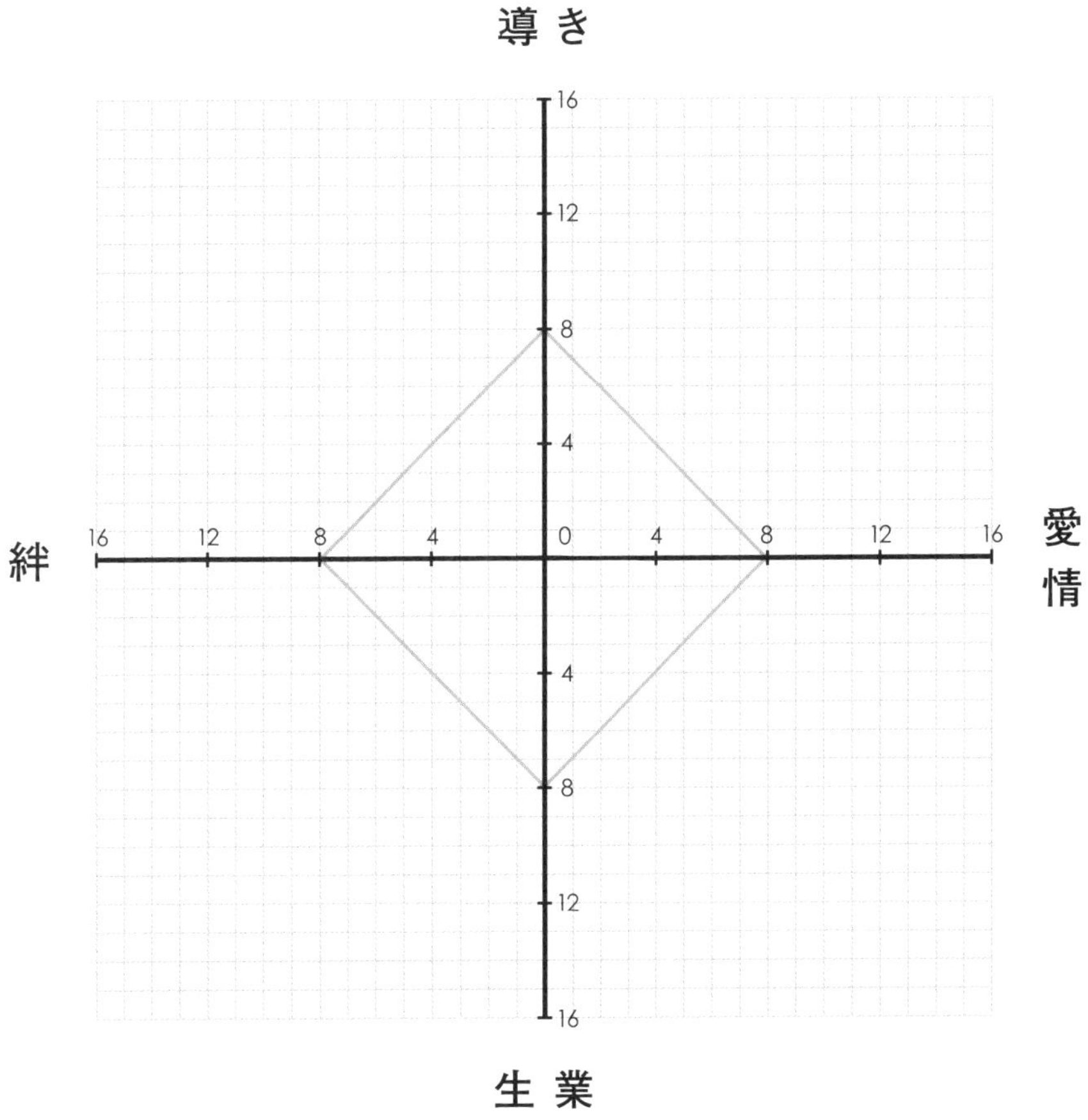
導き
絆
愛情
生業
16
12
8
4
0
4
8
12
16
16
12
8
4
4
8
12
16

グラフの読み解き方

書き込んだグラフには「今のあなた」が表れます。
このグラフの形や大きさには意味があります。

チェックポイント
1

グラフの偏《かたよ》りから「課題」を知る。

「導き」「愛情」「生業」「絆」のうち、どこか突出して多いところ、少ないところはありますか？ 他のカテゴリーと比べたときに偏りがあるところは、そのテーマについて、より深く学ぶ必要があります。

偏りがあったテーマについては、特に、そのことに関するトラブルに何度もぶつかるかもしれません。ですが、それだけたましいが「解決したい」と望んでいる課題だと受け止めることが必要です。

チェックポイント
2

グラフから「自分のタイプ」を知る。

●**グラフが全体的に大きい人**（「星の数が8より多いカテゴリー」が3つ以上ある）は、「星タイプ」です。今、「現世の努力」が足りていません。また、星の数が多ければ多いほど、努力が必要です。

●**グラフが全体的に小さい人**（「星の数が8より少ないカテゴリー」が3つ以上ある）は、「月タイプ」です。今、「前世の問題」に引きずられています。また、星の数が少なければ少ないほど、前世の影響が大きいでしょう。

●全カテゴリーの「星の数」がすべて8の人は、実は最もバランスが取れています。「前世の問題」と「現世の努力不足な面」を均等に持っているからです。前世の問題がまったくない人は生まれてきませんし、まったくないのも向上心を失う原因になってしまいます。このタイプは、現世で努力しなければならない課題も、ある程度自分でも理解しています。

なお、右記のどれにも当てはまらない場合は、それぞれのカテゴリーごとにグラフを見てください。たとえば、「愛情」部分のグラフが小さく、「生業」が大きいなら、「愛情面では前世の問題に引きずられ、生業（仕事）面では現世の努力が不足している」と読み解きましょう。書いたグラフは、前世からの課題を見つめ、現世の努力不足な面を改善していくための参考にしてください。

チェックポイント

3

期間をあけて、チェックしてみる。

「導き」「愛情」「生業」「絆」で取り上げたことは、人生のあらゆるシーンで起きる出来事や心模様ばかりです。いったんは乗り越えたように思えても、また後になって問題が起きることもありますし、その逆で、努力を積んで解決できるようになっていることもあります。そうすると、グラフは形も大きさも変わってくるでしょう。

どの分野で、より自分を磨けているかがわかるこのグラフは、一度チェックして書くだけで終わらせず、たとえば一年後、あるいは状況が変わったと感じるときなどに、繰り返しチェックしてみましょう。「たましいの成長度」に、自分自身で気づくことができます。

星月神示
祈りと浄化の作法

グラフをチェックした後、あなたのたましいをさらに「1UP」「2UP」、いえ、もっと何倍にも輝かせ、成長させるために、特別な秘儀をお伝えします。あなたの未熟さや悪しき想念、思いぐせを断ち切ることもできますし、今生であなたが精一杯努力することを天に約束する「宣誓書」にもなります。

ステップ
1

自分の想いを見つめ、まとめる。

克服したいこと、断ち切りたいこと、天に誓いたいこと、祈りなど、あなたの心に溜まっている「想い」や「願い」を自由に書き込むシート（P157）を用意しました。グラフを分析しながら、または、夜眠る前に心を落ち着けて内観し、「書きたいこと」をまとめましょう。

ステップ
2

新月の日に書き込む。

書き込むのは、「新月」の日です。新月の日は暦や「国立天文台・天文情報センター・暦計算室」(http://eco.mtk.nao.ac.jp/koyomi/)などで確認し、月齢をチェックしてください。新月のエナジーを感じながら書くとなお良いですが、それが難しければどの時間帯に書いても構いません。

書き込む前に入浴をし、身を清潔にして書き込んでもいいでしょう。簡易的な〝禊《みそぎ》〟になりますが、「形」にこだわりすぎることはありません。大事なのは、あなたが念(想い)を込めて書くその〝気持ち〟です。数はいくつ書いても構いませんが、自分で努力する覚悟もなく、ダラダラと書くのは単なる依存。心と向き合ったうえで、厳選した願いを書き込みましょう。書き込み方は自由です。

ステップ
3

満月の日までそのまま置いておく。

書いた紙は、家の中で最も清浄だと思う場所に「満月の日」まで置いておきます。神棚があれば神棚でもいいですし、なければ、あなたが「ここにしよう」とインスピレーションで感じたところに置いて問題ありません。寝ている間は、霊的な世界に一時里帰りしているので、「枕元」に置いておくというのも一案です。

ステップ
4

満月の日に燃やす。

あなたの想いが詰まったこの「祈りと浄化」の紙は、満月の日に燃やしてください。火のもとには十分気をつけて、水回りなど、安全に配慮したところで燃やしましょう。これは、いわば自ら行う「おたきあげ」です。夜、満月の光を浴びながら燃やしてもいいでしょう。ただ、それが難しければ、満月の日であれば、どの時間帯でも構いません。やはり、ここでも大事なのは燃やすときの念です。断ち切りたいことを書き込んだ人は「断ち切ります！」、叶えたいことを書いた人は「叶えます！」と、あなた自身の守護霊、そして、あなたの前世も含めたたましいに向けて、宣言しましょう。

ステップ
5

燃え残りの灰をまく。

燃え残った灰は、プランターの土にまくなどして、自然に還しましょう。たとえば、仕事に関することを書き込んでいた場合、状況が許すなら、職場にある鉢植えや敷地内の土に還すといいでしょう。ただ、環境の問題もありますから、もし、それが難しい場合は、海塩をひとつまみ入れた白紙に包んで、処分しても構いません。昔は、こうした祈願をしたものは、川に流していましたが、時代とともに難しくなっています。ここでも大事なのは、「形」にこだわることではなく、そこに込める心、念、想いです。

あなたが叶えたいこと、断ち切りたいことを書き込みましょう。

おわりに

「星月神示」によって、現世の葛藤の理由や前世から持ち越した課題が見えてきたことでしょう。前世はひとつではなく、時に真反対の環境で生きていたこともあるのではないでしょうか。たましいは、そうやって数多《あまた》のバリエーションを経験しながら、たゆまず、成長を志しているのです。

人生は〝布団叩《たた》き〟と似ています。叩いて出る埃《ほこり》が、たましいの〝未熟な部分〟です。あなたは「埃を出し切りたい」と願って、生まれてきました。〝霊的真理〟という陽《ひ》の光があなたの人生を照らし、時に、埃をさらに外に出すために、苦難がやってきます。苦難によって未熟さがあぶり出されるのは、幸いです。埃を溜めたままでは、生きづらいからです。

未熟さをひとつでも克服し、喜怒哀楽に満ちた人生を謳歌したい。それこそが、あなたのたましいの望みなのです。今を大事に、生き抜きましょう！

江原啓之

江原啓之　えはら・ひろゆき

スピリチュアリスト、オペラ歌手。一般財団法人日本スピリチュアリズム協会代表理事。吉備国際大学ならびに九州保健福祉大学客員教授。『あなたの呪縛を解く 霊的儀礼』『災いから身を守る 霊的秘儀』（講談社ビーシー／講談社）、『幸せに生きるひとりの法則』（幻冬舎）、『自分の家をパワースポットに変える最強のルール46』（小学館）、『今、いくべき聖地』『ことたまオーラカード』（マガジンハウス）、『スピリチュアル・パーゲイション』（徳間書店）、『たましいの履歴書』『たましいの地図』（中央公論新社）など著書多数。

■ 公式HP　http://www.ehara-hiroyuki.com/
■ 江原啓之携帯サイト　http://ehara.tv/

あなたが
生まれてきた意味
星月神示
Hoshi-Tsuki Shinji

■ 2016年6月29日　第1刷発行

著者　江原啓之

発行者　石﨑 孟

発行所　株式会社マガジンハウス
〒104-8003　東京都中央区銀座3-13-10
書籍編集部☎03-3545-7030
受注センター☎049-275-1811

印刷・製本所　大日本印刷株式会社

編集協力　湯川久未

ブックデザイン　林しほ

ISBN978-4-8387-2862-6 C0095

＊本書は、「anan」1900～2000号に掲載された「江原啓之の星月神示」を大幅に加筆修正し、書き下ろしを加えて再構成しました。